패션 테라피

뉴욕 최고의 퍼스널 쇼퍼가 알려주는

패션 테라피

Secrets of a Fashion Therapist

베티 할브레이치

그리고 샐리 웨디카 지음

제프리 풀비마리 그림

타고난 패션 리더였던
나의 어머니 캐롤 스톨께

감사의 글
Acknowledgments

항상 "[책] 아직 멀었어요, 엄마?" 하고 묻던 캐시Kathy와 존John, 엄청난 도움을 준 그레그 밀스Greg Mills, 전화로 용기를 준 브루스 그레가Bruce Gregga, 마치 성자처럼 참고 기다려준 패트리샤Patricia, 그리고 나를 믿어 준 필립Philip에게 감사를 보낸다. 또한 마치 딸과도 같이 내 말이 무슨 책이라도 되는 것처럼 잘 들어준 샐리Sally에게도 감사한다.

— 베티

패트리샤 반데르룬Patricia van der Leun에게 감사하고, 이 책을 쓰는 기쁨을 같이할 수 있도록 해준 베티Betty에게도 물론 감사를 전한다. 옷에 둘러싸여 그렇게 많은 시간을 보내본 적이 없다. 그리고 그만큼 행복했던 시간도 없는 것 같다.

법적으로든 그 외의 것으로든 도움을 준 스티븐Steven과 엄마, 아빠에게 감사하며 매일같이 내가 단어수 세는 것을 인내를 가지고 들어 준, 또 다짜고짜 약속을 미뤄도 이해해 준 내 모든 친구들에게도 깊은 감사를 보낸다.

— 샐리

차례

서 문

베티 할브레이치Betty Halbreich의 직업적 노력은
사실 나의 그것과 같다. 제안하고, 제시하고... 때로는 애원도 한다.
이런 노력은 사람들이 자신에 대해 더 기분 좋게 느끼고,
또 사람들을 한층 더 향상된 모습으로
보이게 만드는 옷들을 위한 노력이다.
그녀는 진실의 순간에 가장 가까워지는 길을 알려주며
우리의 삶을 풍부하게 해준다.
그녀는 꼭 좋은 의상들과 같다. 지속되는 것들에 대한 기억…
그것이 바로 베티 할브레이치다.

– 제프리 빈(Geoffrey Beene, 디자이너)

Chapter 1

패션의 완성은
자신감

1

옷 입기를
즐겨라

어머니의 옷장에서 시작된 패션 교육

어릴 적 고향인 시카고에서는 한겨울이면 눈이 내 키보다
도 높이 쌓이곤 했는데 어머니는 그런 날씨에도 체리가
달린 모자를 쓰고 외출하곤 했다. 물론 목 아래로는 겨울
모피를 입었지만 어머니의 목 위쪽에는 이미 봄이 와 있
는 것 같았다. 가을에도 나뭇잎들이 완전히 가을 색으로
물들기도 전에 어머니는 깃이 달린 펠트 모자를 썼다. 함
께 차를 탔을 때, 모자의 깃털이 너무 길어서 차 안에 구겨
넣느라 애쓰던 어머니의 모습이 아직도 기억난다.

이런 식으로 어머니는 계절이 바뀌는 것을 알려주었
다. 어머니는 화려한 모자들뿐 아니라 멋진 스타일과 재
치 있는 언변으로 우리 마을에서 유명인사로 통했다. 눈
보라가 휘날리는 시카고의 한겨울에 꽃이 달린 모자를 쓰
고 마을을 돌아다니는데 어떻게 유명해지지 않을 수 있겠

는가.

이런 맥락에서 볼 때 내가 현재 패션산업에 종사하고 있는 것은 어쩌면 당연한 결과라 할 수 있다. 나의 패션 교육은 아주 어렸을 때 어머니의 침실에서부터 시작되었다. 나는 어머니가 금박 스팽글이 달린 드레스나 여우 털로 트리밍된 옷, 혹은 끝단에 깃털이 달린 칵테일 드레스들을 입는 모습을 넋을 잃고 앉아 바라보곤 했다. 한 번은 크리스마스 시즌에 사진작가 빅토 스크레브네스키**Victor Skrebneski**씨가 어머니에게 흰색 마라보(marabou; 대머리황새) 깃털 재킷을 선물했다. 보통의 여성이라면 그렇게 별난 옷을 입으려 하지 않았을 테지만 어머니는 깃털을 나부끼며 자랑스레 오랫동안 그 옷을 입었다.

어머니는 내가 아는 사람 중에 가장 멋진 취향을 지닌 분이다. 그러니 내가 패션에 뒤떨어지지 않으려고 노력한다고 해서 누가 나를 비난할 수 있겠는가. 나에게 맞는 옷을 입는 방법을 내가 알게 된 것은 좀 더 자라서 어머니의 옷을 입기 시작하면서부터였다. 어머니가 저녁에 외출을 하면 나는 어머니의 옷장을 열고 호화로운 벨벳 네글리제와 하이힐, 번쩍이는 액세서리를 꺼내 걸치곤 했다.

어릴 적 나는 옷 입기 놀이가 가장 재미있었다. 어떤 의미에서 이것은 지금 내가 하는 일이기도 하다. 달라진 것이 있다면 어머니의 옷장 대신, 디자이너 컬렉션과 매혹적인 이브닝 가운, 독특한 액세서리들로 가득한 버그도프 굿맨Bergdorf Goodman으로 바뀌었다는 사실이 아닐까. 또, 그때는 옷 입히기 놀이의 대상이 오직 나 자신(혹은 내 인형들)이었지만 이제는 세상에서 가장 아름답고 유명한 여성들이라는 것이다. 그때 어머니의 옷장에 질리지 않고 놀았듯이 지금도 나는 매일 다양한 사이즈와 몸매, 개성을 지닌 여성들에게 옷을 입히는 도전이 스릴 있고 즐겁다. 신부 어머니에게 가장 알맞은 드레스를 찾아주고, 영화배우의 영화 의상 전체를 만들어주며, 또 첫 인터뷰를 앞둔 젊은 여성에게는 면접관을 반하게 만들 정장을 입혀줌으로써 그녀의 떨림을 잠재울 때 나는 하루의 성공을 뿌듯해 할 수 있다.

playing dress-up

패션은 모험이다

어머니는 관습에 구애 받지 말고 옷을 입으라고 항상 충고했다. 그래서 나는 내 또래 아이들이 무엇을 하든 일부러 그애들과 다른 길을 갔다. 심지어 여름 캠프에서 아이들이 모두 유니폼을 입을 때도 나는 나 자신을 다르게 보여 줄 수 있는 특별한 차림을 찾곤 했다. 반바지의 밑단을 접든가, 소매를 말아 올려 입거나 스웨터를 목에 걸치는 식으로 말이다. 물론 내가 항상 멋져 보였다는 것은 아니다. 때에 따라서는 우스꽝스러워 보이기도 했을 것이다. 하지만 이렇게 여러 스타일로 모험을 하고 어떻게 되나 지켜보는 것, 이것이야말로 내가 말하는 '패션의 재미'다.

물론 그중에는 전혀 멋지지 않은 것도 있겠지만, 그러면 다시 하지 않으면 그만이다. 이런 반복을 통해 멋진 패션을 고르는 안목이 길러지고 자신감이 생기는 것이다. 바로 이것이 옷을 잘 입는 비결이다. 패션이란 다 자세의 문제이다. 옷을 입은 자세도 중요하고 사고방식도 중요하다. 자신이 멋져 보인다는 자신감을 갖고 기분 좋게 나서면 그러한 자신감이 남들에게 그대로 전달되는 것 아닐까.

1976년 내가 처음으로 패션 컨설턴트로 일하기 시작했을 때는 퍼스널 쇼퍼(개인 쇼핑 상담자)라는 말은 있지도 않았다. 그러나 고객들은 절실하게 도움을 원했다. 뉴욕의

내가 3년이나 출연하고 싶어 했던 소설 원작의 한 영화에서 나를 캐스팅할지 말지 검토하던 때였다. 영화는 한 훌륭한 감독이 맡았고 내가 원했던 그 카메오는 외모가 중요한 역할이었다.

나는 베티에게 전화를 했고 함께 버그도프 굿맨으로 바로 갔다. 그녀는 내 역할에 맞는 완벽한 옷을 골라 주었다. 그 캘빈 클라인 새 옷을 입고 감독실로 들어가자마자 그 역할은 내것이 되었다.

또, 다른 영화로 베티에게 전화해서 그 역할에 대해 설명했더니 몇 벌의 의상과 그에 어울리는 신발을 즉시 보내 주었다. 물론 그것들로 나는 그 역할을 따내는 데 성공했다. 베티는 내 지혜의 여신이고, 그녀가 골라 준 옷들을 입을 때면 나 또한 여신이 된 것 같은 기분이 든다. 그녀가 오랫동안 패션계에 남아 있기를 바란다.

– 베티 버클리
(Betty Buckley, 영화배우)

가장 시크한 백화점인 버그도프 굿맨은 사람들이 원할 수 있는 모든 것이 다 있다고 해도 과언이 아니지만, 정작 5번가의 이곳 회전문을 들어서는 여성들은 의기소침해지고, 압도당하며, 새로운 것을 시도하는 데 너무 큰 두려움을 느낀다.

바로 이러한 이유에서 내가 등장한 것이다. 나는 이 일을 시작할 때부터 사람들이 내게서 객관적인 시각과 확신을 얻으려 한다고 생각해왔다. 실제로 내 고객들은 옷을 입으면 거울을 보는 대신 나를 본다. 감히 말하건대 나는 안목을 타고났으며 이는 하나의 축복이다. 확실히 옷을 잘 입고 어떤 패션이 효과적인지 분간하는 데는 직관적인 무엇인가가 필요하다. 그렇다고 이것을 배울 수 없다는 뜻은 아니다. 조금만 연습하고 거울을 많이 보려 노력한다면 분명 배울 수 있다.

나에겐 숍이 문을 연 첫날부터 지금까지 나를 찾는 단골 고객들이 있다. 지난 몇 년 동안 그들은 친구, 어머니, 딸들, 심지어 손녀들까지 데리고 왔다. 내가 처음 베티 버클리(20년 단골 고객)에게 옷에 대해 상담해 주었을 때 그녀는 브로드웨이의 뮤지컬 '캣츠' 오디션에 응모한 상태였는데 내 조언대로 입고 가서 역할을 따내는 데 성공했다. 그 후로 그녀는 오디션이 있을 때마다 내게 전화를 건

다. 거의 미신 같은 것인데, 그녀는 내가 옷을 골라줄 때마다 역할을 따냈다고 말한다. 몇몇 나의 고객은 내가 기적을 일으킨다고 하지만 나는 그저 정직했을 뿐이다. 실제로 내 숍으로 들어오는 여성은 "와 멋지네요!"라는 소리보다는 이런 소리를 들을 가능성이 크다. "그 옷 얼른 벗어던져요. 참 봐주기 힘들군요!"

거의 매일 내 숍은 시크한 패션 쇼 장소라기보다는 서커스장처럼 혼란스러운 곳이 된다. 다양한 몸매의 여성들이 끊임없이 드나들기 때문이다. 영화배우, 회사 임원들, 유명인사, 가정주부, 젊은 엄마, 평범한 직장 여성들까지. 그들은 자신의 지위나 경제 상황과 상관없이 계속해서 나를 찾아온다. 이는 쇼핑과 옷 입기라는 것이 단순히 옷을 사는 것 그 이상의 의미가 있기 때문일 것이다. 그것은 자신을 기분 좋게 만드는 그 무엇이어야 하며 재밌어야 한다. 때로는 웃기기까지도 해야 한다. 만약 옷 입기를 즐길 수 없다면 중요한 포인트를 놓치고 있는 것이다. 나는 조금이라도 변할 준비가 되지 않은 여성은 내 숍이건 어디건 들어올 수 없다고 주장한다. 나는 숍의 쇼윈도를 들여다보지 않고 그냥 지나치는 여성을 본 적이 없다. 만약 있다 해도 급한 볼일이 있어 스쳐지나간 것뿐이리라. 과연 새

로운 것을 싫어하는 여성이 있을까? 그것이 하찮은 장식
이든 꼭 필요한 것이든 말이다. 만약 그런 여성이 있다면
그 사람은 여성도 아니라고 말해도 좋으리라.

2
옷장과 거울
마주하기

입을 옷이 없다?

여기 누구나 마주하기 싫은 두 가지가 있다. 바로 자신의 옷장과 거울이다. 대부분의 사람들이 옷장을 열어보고는 바로 다시 닫아버린다. 그러고는 어디 도망칠 곳을 찾는다. 그들은 닫혀 있는 옷장 속의 무질서와 흐트러진 옷들을 마주하기 싫은 것이다. 대부분의 여성들이 하는 말 중에 가장 흔한 말은 아마도 "입을 옷이 없다"일 것이다. 글쎄, 그도 그럴 것이 입을 만한 옷들을 가지고 있다 해도 옷장 속에 아무렇게나 걸려 있고, 또 첩첩이 쌓인 잡동사니들 뒤에 감춰져 있기 때문일 것이다. 자, 이제 나는 좋든 싫든 당신이 옷장과 거울이라는 두 강적을 피해 옷가게로 달려가서 옷을 새로 사는 행동을 고치도록 도와줄 것이다.

먼저 옷장을 보자. 거의 잡동사니가 쌓여 있고 정리가 안 되어 있을 것이다. 그러니 당신이 입을 옷이 없다고 확

베티는 고객이 자신에게 무엇이 필요한지 알기도 전에 고객의 옷장에 필요한 것을 정확히 알려준다.

– 수잔 루시 (Susan Lucci), 영화배우, 미국 드라마 올 마이 칠드런 (All My Children) 출연

신에 차서 말할 때 당신은 옷을 사도 넣을 자리가 없다는 사실 또한 인정해야 할 것이다. 이때 단순한 해결 방법이 있다. 바로 이를 악물고 옷장을 깨끗이 치우는 것이다. 더 이상 입지 않을 옷들을 빼낸다면 옷걸이 사이로 조금씩 여유 공간이 생겨나게 되고 당신은 훨씬 기분이 좋아질 것이다. 그러나 옷장을 깨끗이 치우는 데 있어 어려운 점은 어떤 옷을 버리고 어떤 옷을 놔두느냐이다.

진부한 얘기처럼 들릴지 모르나 바로 몇 년 동안 한 번도 입지 않았다면 그 옷은 버리는 게 좋다. (물론 꼭 쓰레기통에 버리라는 말은 아니다. 필요한 사람에게 줄 수도 있고, 자선단체에 기부할 수도 있다.) 당신이 입지 않는 옷들은 신선한 느낌을 주기는 더 이상 힘드니 치워 버려라. 물론 복고풍이 유행할 수도 있지만 아주 긴 시간을 기다려야 하며 요즘 유행하는 복고 패션들은 다 조금씩의 변형을 거친 것이다. 설사 있는 그대로의 복고 스타일이 유행한다 해도 과연 당신은 그 옷들을 예선과 똑같이 입고 다닐 수 있을까?

그러나 안 입는 옷을 버릴 때 예외가 있다. 바로 당신이 많은 투자를 해 마련한 옷들이다. 물론 돈을 많이 주고 산 옷이라 버리고 싶지 않다고 해서 옷장

한가운데 걸어 놓으라는 말은 아니다. 버리기에는 너무 아깝지만 여전히 입지는 않는 옷들은 따로 마련된 옷장에 보관하거나 옷장 한쪽 구석에 두자. 아주 비싼 옷들을 버릴 때는 꼭 다시 한 번 생각하라. 나도 버리고 나서 후회한 것들이 많다. 종종 스스로에게 묻는다. 대체 무슨 생각으로 그 좋은 악어가죽 가방을 버렸을까? 비슷한 것을 요즘 사려면 그 가격이 어마어마한데 말이다. 그러니 때로는 몇 개의 값나가는 소유물들에 집착하는 것도 나쁘지만은 않을 것이다. 그것들이 다시 유행하지 않는다 해도 때때로 한 번씩 입어줄 수 있을 테니까.

거울을 마주하라

자, 이제 두 번째 강적인 거울을 마주할 시간이다. 당신이 객관적인 눈으로 당신 자신을 살펴보고 싶다면 전신 거울 앞에 실오라기 하나도 걸치지 않은 모습으로 서 보아야 한

the Closet

다. 이때 거울을 보고(조금은 놀랍겠지만), 이렇게 말하라. "그래, 내가 여기 있다!" 사실 이것은 가장 힘든 일이고 또 가장 창피한 일들 중 하나일 수도 있다. 나는 이렇게 하기가 힘들다는 것을 안다. (그렇기 때문에 몇 년 간 욕실 세면대 앞 거울을 제외하고는 집에 거울이 없었던 적도 있다.)

그러나 당신은 정말로 거울 앞에 벌거벗고 서서 당신을 분석해 보아야 한다. 당신 몸의 장점은 무엇인지, 또 단점은 무엇인지. 자신의 벌거벗은 모습을 마주보기 힘들다면 속옷 정도는 걸치고 보아도 좋다. 어떻게 하건 거울에 비친 자신의 모습을 객관적인 시각으로 바라볼 수 있다면 그 사람은 아주 강한 여성이다.

더불어 눈을 가려 버리거나 거울로부터 달아나기 전에 자신의 뒷모습을 보는 것도 잊지 말아야 한다. 우리는 일차원에 살지 않는다. 따라서 당신이 입는 모든 옷은 모든 각도에서 보여질 수 있다. 당신은 자신의 뒷모습을 자주 거울에 비춰보지 않겠지만 당신 주위의 사람들은 하루 종일 상상할 수 있는 모든 각도에서 당신을 바라보고 있다.

아침에 회사로 걸어갈 때 나는 내 뒷모습이 많은 시선들에 노출되는 것을 느낀다. 그런데 어떤 이들의 뒷모습은 정말 보기 안타깝다. 꼭 끼는 바지, 굽이 다 닳은 구두, 빗지 않아 엉킨 뒷머리, 그리고 옷 밖으로 확연히 비치는

옷장 정리 체크리스트

- 당신이 너무 자주 사는 경향이 있는 아이템들이 무엇인지 찾아보라. 만약 빨간색 스웨터가 여섯 벌, 검정 재킷이 다섯 벌이 있고, 네이비 치마가 네 벌이 있다면? 물론, 그것들을 다 버릴 필요는 없다. (그것들은 모두 스타일이 완전히 다르지 않은가!) 그러나 다음번에는 옷가게에서 또 다른 빨간색 스웨터, 검정 재킷, 네이비 치마, 그리고 (   )를 집어 들고 카운터를 향할 때 당신이 그 옷들을 이미 얼마나 가지고 있는지 꼭 기억하라. (괄호 안은 뭐든 당신이 잘 구입하는 아이템이 들어갈 자리임)

- 당신에게 맞지 않는 옷은 과감히 치워버려라. 적어도 10년 간 너무 작아서 입지 못했지만 아까워서 버리지 못한 옷들로 옷장이 가득 차 있다면 그것은 고문과도 같을 것이다. 현실을 직시하라. 당신이 그 옷이 맞을 때까지 열심히 몇 킬로그램을 뺐을 땐 그 옷은 이미 구식이 되어 있을지도 모른다.

- 헌 옷이나 신발 등을 버리기

브래지어나 팬티…. 그뿐이 아니다. 옷 라벨이 뒷목 위로 삐져나왔는데도 그대로 걸어다니기도 한다. 헐레벌떡 외출하기 전에 어깨너머로 자신의 뒷모습을 거울에 꼭 비춰보는 것을 잊지 말도록 하자. 이것은 자신과 당신 주위의 사람들에 대한 예의다. 엉덩이에 얼룩이 묻었을지 혹은 또 다른 남모를 문제가 당신의 옷 뒤쪽에 숨어 있을지 누가 알겠는가.

내가 나의 고객들을 객관적으로 보기는 쉽다. 나는 단지 내 눈앞에 있는 것만 보면 된다. 즉 옷을 입게 될 하나의 '형태'를 본다. 머리, 두 팔, 두 다리, 엉덩이, 그리고 허리라인. 나는 그 형태를 보자마자 그것이 최고로 보이려면 어떤 옷을 입혀야 할지 생각한다. 이제 거울로 돌아가 당신 자신에 대해 위 방식대로 생각해보라. 자신의 엉덩이를 보자마자 눈을 돌리고 비명을 지르며 후다닥 옷을 입지 말고, 참고 분석하라. 판단을 내리지 말고 자신의 장단점을 바라보라. 그런 다음 이제 그 이미지와 자신의 몸에 대한 이해를 염두에 두고 가장 좋아하는 옷, 누가 뭐라든 입기 좋고 기분 좋다고 느꼈던 그 옷을 입어보라. 그리고 거울을 다시 보라. 아직도 보기 좋은가? 보기 좋다면 왜 좋은가? 그 옷이 당신을 보기 좋게 만드는 이유를 객관적으로 분석하려고 노력하라. 옷의 재단이 몸의 어떤 부분은 잘 안보이게 하고 또 다른 부분은 강조하는가? 아니면 컬러가 얼굴에 활기를 주어 갑자기 화장이라도 한 것처럼 보이게 하는가? 프린트가 절묘하게 섞여 세련된 스타일을 만들어주는가? 이 모든 요소들을 다 생각해보고 머릿속에 기억해두자. 쇼핑을 할 때 많은 도움이 될 것이다.

옷은 옷장이 아니라 내가 입는 것

나는 옷에 관한 한 언제나 덜 가진 것이 좋은 것이라고 믿는다. 그러니 당신이 옷장을 정리하며 안 입는 옷을 잘 치웠으니 잔뜩 쇼핑한 새로운 옷으로 그 빈자리를 채워야 한다고 생각하지 마라.

나는 내 고객들에게 말한다. "난 옷장에 옷을 입히는 사람이 아닙니다."라고. 그것은 사실이다. 나는 그들의 옷장을 채워주려고 이 일을 하고 있지 않다. 나는 그 옷들이 옷장에 걸려 있는 시간보다는 그들이 몸에 걸치고 있는 시간이 더 많을 그런 옷을 찾도록 돕는다. 만약 쇼핑이 그저 새로운 옷들을 사기 위한 것이라면 서로 어울리지 않는 옷들로 옷장이 가득 찰 수 있다. 이것은 조각보 이불과 같다. 쇼핑하면서 당신은 여기서 한 조각, 저기서 한 조각을 발견하여 옷가게를 나설 때는 쓸모없는 옷만 잔뜩 몇 바구니를 이고 나가는 것이다. 그것들은 비싸기만 한 조

전에 그것들을 고쳐 사용할 수 있는지 다시 한 번 확인하라. 특히 신발은 쉽게 (그리고 그리 비싸지 않게) 리모델링이 가능하다. 굽이나 깔창을 갈고 잘 닦으면 많은 신발들이 새 것처럼 보일 수 있다. 옷의 경우는 능숙한 재단사라면 흔히 손상된 니트류나 없어진 단추 혹은 테두리 등을 손볼 수 있고 오래된 옷의 경우는 리폼할 수 있다.

- 그러나 고칠 수 없는 것들이라면 무엇이든 (많이 입거나 잦은 세탁으로 해진 것, 바로 잡기 어려운 스웨이드나 캔버스화, 지워지지 않는 얼룩이 묻은 옷 등) 바로 처분하라.

- **중고품 판매점이나 자선단체 등은 당신이 더 이상 입지 않는 옷 등을 처리할 수 있는 좋은 장소다.** 특히 비싸게 주고 샀지만 결국 안 어울리거나 잘 입지 않는 옷의 경우 죄책감 없이 처리할 수 있다. 중고품 판매점에 팔 수도 있고, 자선단체에 기부할 수도 있다.

- **친구들과 바꾸기 이벤트를 벌여라.** 모두가 안 입는 옷을 가지고 와 서로 바꾸는 것이다. 그러나 공짜로 얻는다는

생각에 아무 옷이나 무조건 가지려 하지는 마라. (또 다른 쓰레기 옷들만 늘어날 수 있다) 그러나 어찌됐건, 종종 한 여성의 쓰레기가 다른 여성에겐 보물이 될 수도 있다는 사실을 꼭 기억하라!

● **중고품 경매 사이트에 안 입는 옷을 팔아라.** 이는 잘못 사서 안 입는 옷(오리지널 라벨이 아직도 붙어 있다면 많은 돈을 받을 수 있다.)이나 오랫동안 지니고 있어서 이젠 '레트로시크(retro chic; 세련된 복고풍 스타일 옷)'로 여겨지는 아이템들을 처리하기에 완벽한 방법이다. 먼저 그 아이템들을 사진으로 찍어 사이트에 올린다. 그리고 각 아이템마다 멋진 설명을 붙인다. 비슷한 아이템에 대해 다른 판매자는 어떻게 설명하고 또 얼마 정도를 가져가는지 조사해본다면 도움이 될 것이다.

각들이지 아무 쓸모가 없다.

그러니 쇼핑하러 가겠다는 생각을 하기 전에 무엇을 위한 쇼핑인지 먼저 생각하라. 막연히 새로운 옷을 사겠다는 생각으로 옷가게로 돌진하면 곤란하다. 나를 찾아오는 많은 여성 고객들은 다 이유가 있어서 온다. 가령 웨딩드레스가 필요하다든가, 인터뷰를 위한 정장, 아니면 휴가 갈 때 입을 캐주얼 복장 등을 찾는다. 만약 누군가가 완전히 새로운 옷장 자체를 마련하고자 한다면 나는 도와줄 수가 없다.

나는 그들이 스스로 자신의 옷장을 잘 구성할 수 있도록 몇 가지 기본 아이템들을 찾도록 도와주며 그 옷들에 익숙해지라고 말한다. 당신이 그 옷들의 스타일, 컬러를 좋아하는지 느껴보라. 그 옷들이 기존에 있던 옷들과 매치가 되는지 보라. 하루 만에 자신의 옷장을 완전히 새 것으로 꾸미려 하지 말 것. 진짜 필요한 것 몇 가지를 목록에 적은 후 딱 그것들을 위한 쇼핑을 하라. 잊지 말아야 할 것은 옷을 잘 입어야 할 대상은 당신이지 당신 옷장이 아니라는 사실이다!

옷 공포증을 극복하라!

OVERCOMING
CLOTHES-A-PHOBIA

원하는 이미지를 정하라

당신이 으리으리한 백화점의 회전문으로 들어가고 있다고 상상해보라. 어떤 느낌이 드는가? 매 층마다 당신을 기다리고 있을 화려한 물건들 생각에 즐거울 수도 있고 아니면 옷을 팔려고 혈안이 된 판매원들과 어마어마한 가격표에 미리 겁먹을 수도 있을 것이다. 또한 수없이 많은 옷중에 하나를 고를 생각을 하니 막막하기도 할 것이다. 물론 당신은 이 모든 것을 한꺼번에 느낄 수도 있을 것이다. 당신뿐 아니라 우리 모두가 이러한 압박감을 느낀다. 최근 쇼핑 대행업(개인적인 쇼핑을 대행해주는 서비스업)이 붐을 이루는 것도 놀라운 일은 아니다.

여성들은 도움이 필요하다. 알아서 자신에게 맞는 패션을 고르기에는 너무 바쁘거나 두려움이 많거나 혼란스럽다. 그러나 당신은 도움을 받을 필요가 없다. 당신은 혼

가톨릭 기숙학교에 다니며 패션 센스를 키운 나는 옷을 잘 입을 줄 몰랐다. 빨간색 격자 무늬 옷, 청색 서지 모직물, 주머니에 가시에 찔려 피 흘리는 심장 모양이 있는 재킷 등을 즐겨 입었다. 베티는 내 사정을 알고는 내게 잘 어울릴 만한 옷을 골라 주었다. 미드나잇 블루 컬러의 벨벳으로 된 긴 소매의 발렌티노(Valentino) 가운과 바닥에 끌리는 긴 치마였다. 다음에는 악어가죽 느낌이 나는 딱 붙는 아름다운 금박 드레스를 입혀주었다. 이제 나는 베티를 방문할 때 그녀가 입고 있는 옷이라면 무조건 살 정도로 그녀의 패션 센스를 믿는다.

― 제인 커틴
(Jane Curtin, 영화배우)

자 성공적으로 해낼 수 있다.

거울 앞에 섰던 당신으로 다시 돌아가 보라. 가장 좋아하는 옷을 입은 모습이 당신이 생각하는 이상적인 모습인가? 만약 아니라면 무엇이 이상적일지 생각해보자. (당신의 지금 몸매를 벗어나서 생각해서는 안 된다. 우리는 객관적 원칙을 찾는 것이지 성형 수술할 부위를 찾는 것이 아니다.) 당신을 완전히 새롭게 꾸미기 위해, 아니면 단 한 장의 새로운 스웨터를 사는 것이라 해도 백화점에 가기 전에 당신은 자신이 어떤 모습으로 보이고 싶은지 알고 가야 한다.

자신의 이미지를 정하는 데 있어 엄격할 필요는 없다. 평범한 것에서 벗어나 약간의 모험을 해도 좋고 아니면 좀 더 보수적이 되어도 상관없다. 중요한 건 당신이 어떻게 보일 것인가에 대한 단호한 결심이 있어야 한다는 것이다. 그래야만 현명한 패션을 선택할 수 있기 때문이다. 드레스 하나를 사서 입을 옷이 생겼다고 잠시 안도하는 것과 현명하게 패션을 선택하는 것은 다른 문제다. 진정 만족을 느끼려

면 오랜 시간 시행착오가 필요하며 자기 자신을 아
주 잘 알아야 한다.

the love of clothes

최근 나를 찾아온 한 여성을 예로 들어보자. 그녀
는 매우 보수적인 취향을 지닌 여성이었다. 그런 그
녀에게 나는 다소 획기적인 스타일의 재킷을 보여줬
다. 그러자 그녀는 "베티, 난 이거 못 입겠어요!"라
고 했다. 왜일까? 그것은 그녀가 두려움을 가지고 있
기 때문이다. 즉, 모험을 할 준비가 안 된 것이다. 그
러나 만약 당신이 어느 정도만 마음이 편해지면 새
로운 재킷 스타일, 조금 더 대담한 컬러, 혹은 달라진
스커트 길이 등. 옷 입기의 모험에서 아기처럼 한 걸음 한
걸음 배워갈 수 있을 것이다.

시행착오를 두려워 말자

지난번의 패션 모험을 통해 당신은 어느 정도 실수를
저질렀을 수 있다.(그리고 그것들은 아마도 옷장을 정리하면서
버릴 물건 박스로 들어갔을 것이다). 그러한 실수들을 배우는
과정의 일부로 생각하라. 나의 경우는 이제 옷가게에 들
어가서 옷을 입어보지도 않고 내게 꼭 맞는 그리고 잘 어
울리는 재킷을 금방 골라 나온다. 당신도 나처럼 될 수 있
다. 그리고 그렇게 되는 길은 시행착오밖에는 없다.

Clones

예를 들어 서로 다른 스타일의 재킷이 있을 때 한 번
보고 자신에게 어울리는 스타일을 찾지 못하겠으면 피팅
룸에서 여러 개를 다 입어보고 분석하라. 재킷이 엉덩이
부분을 어떻게 덮는지, 어깨선이 어떻게 뻗어 나가는지,
그리고 재킷이 치켜 올라가지는 않는지, 이렇게 세 부분
을 확인해 보아야 한다. 이렇게 하면 자신의 몸을 정확히
알고 어떤 것이 어울리는지 알 수 있다. 같은 몸이지만 입
은 옷에 따라 몸매가 달라 보인다는 사실을 우리는 이미
알고 있다. 당신을 고급스럽게 보이게 해주는 옷과 헌 자
루를 걸친 것처럼 보이게 하는 옷의 차이를 배우는 것은
당신 몫이다.

잡지를 훑어보는 것도 좋은 교육이 된다. 잡지는 다가올 시즌의 유행을 예견하고 옷가게에 어떤 옷들이 걸려 있을지 짐작하게 한다. 그러나 사실 그런 화려한 잡지들은 대부분의 우리 삶과 취향과는 현실적으로 거리가 멀다. 그러니 잡지를 하나의 바이블로 여기지 말고, 어떻게 입으면 좋을지에 대한 아이디어만 얻도록 하라. 잡지에 나오는 옷과 가게에서 살수 있는 당신이 좋아하는 옷이 완전히 다르다는 사실을 자주 느낄 것이다. 그것은 잡지로부터 당신이 배울수 있다는 증거다. 이번 시즌에 바지는 더욱 슬림해지고 브라운 컬러가 유행한다는 사실을 보그Vogue에서 보고 알았다면 자신의 취향과 가격대에 맞추어 그렇게 쇼핑하면되는 것이다.

스타일 있게 옷 입는 것에 관해서는 규칙이 있다. 이 책의 끝부분에 가면 나는 그것들을 당신에게 모두 전수했을 것이다. 그리고 더욱 중요한 것은 당신이 이러한 규칙을 깰 수 있다는 것이다. 왜냐하면 진짜 멋진 스타일은 정형화된 것이 아니며 융통성이 없지도 않으니까 말이다. 당신이 원하는 만큼 옷 입기는 유연하고 재치 있어야 한다. 그러니 이 책을 읽어나가며 얻을 수 있는 규칙, 팁, 그리고 비결 등을 일단은 모두 당신의 머릿속에 넣어 두도록 하라. 그리고 당신이 어느 곳에서 쇼핑을 하든 자신 있게 그리고 요령 있게 옷을 고를 수 있을 때가 되면 당신 머릿속의 규칙들을 버려라. 어쨌든 패션은 두려움의 대상이 아니다.

Chapter 2

멋진 스타일을 위해 갖추어야 할 것들

WARDROBES AREN'T BUILT IN A DAY

1

필수아이템과 스타일 요령

옷장을 갖춘다는 의미

나는 집을 꾸미듯이 새 옷으로 옷장을 꾸미는 것을 좋아한다. 옷장을 꾸미는 것은 옷을 잔뜩 사서 한 번에 끝내는 행위가 아니며, "다했다"라고 말할 수 있는 것이 아니다. 당신이 집 안을 좋아하는 것들로 하나씩 채우면서 인생의 행복을 느끼듯 옷장도 그래야 한다. 그것은 계속 진화해야 하고 항상 새로운 아이템들과 당신이 계속 좋아해 왔던 아이템들로 구성되어야 한다. 옷장을 갖추는 일을 계속되는 프로젝트 정도로 생각해보라. 하기 싫은 일이 아닌, 조심스레 계산된, 좋아서 하는 일이라고 그렇게 생각해보자. 결국 이 모든 것이 옷에 대한 사랑, 당신을 기분 좋게 만드는 아름다운 물건들에 대한 사랑이다.

　　물론 나는 가지고 있던 모든 것을 싹 버리고 완전히 새로 시작하는 것에 단호히 반대하지만 여성의 인생에는 실질적으로, 거의 완전히 옷장을 새로 바꿔야 하는 터닝 포인트들이 있다. 그 첫 번째는 대학을 졸업하고 커리어 우먼이 되는 순간이다. 이때 옷장의 기본을 잘 구성해 놓으면 그 후로 몇 년 동안은 잘 진화해 갈 것이다.

최신 유행 아이템들은 한 시즌 인기를 끌고 사라지지만 잘 갖춰진 옷장은 절대 일회용이 아니다.

그러나 옷장을 제로 상태에서부터 갖추어 나간다는 일이 모든 여성에게는 무척 힘든 일처럼 보일 것이다. 신용카드를 한껏 긁어 옷장을 채워야 한다든가, 비싼 옷을 잘못 구매할지 모른다는 두려움, 또 특정한 취향에 한정될지 모른다는 두려움 또한 있다. 당신의 패션 센스는 일생 동안 계속 진화하고 발전하지만(당신의 옷장과도 같이) 우리를 가장 두렵게 만드는 질문은 '잘 갖추어진 옷장이 되게 하려면 무엇부터 해야 할까?' 이다. 패션 센스란 타

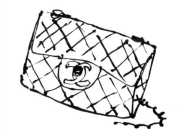

고나는 것도 있지만 서서히 터득하는 부분도 있다. 잡지를 볼 때, 가게를 천천히 거닐 때, 카탈로그나 숍 윈도를 관찰할 때마다 조금씩 터득해 가는 것이다. 물론 나 같은 사람이 뭘 입어야 할지 뭘 입지 말아야 할지 알려줄 수도 있지만 사실 그것은 당신이 개인적인 스타일 안목을 키우는 데는 도움이 되지 않을 것이다. 그것은 당신이 스스로 터득해야만 하는 일이다.

목록과 예산을 체크하자

자, 그럼 다시 사회생활의 첫걸음을 내딛는, 텅 빈 옷장을 가진 그 젊은 여성에게로 돌아가 보자. 만약 당신이 그런 입장이라면 (혹은 비슷하게 가정주부로 몇 년을 지내다가 직장에 복귀할 때) 첫 번째로 할 일은, 옷가게로 달려가는 일이 아니고 당장 필요한 아이템의 목록을 만드는 일이다.

내가 여기서 말하는 '필요한'이라는 것은 절대적으로 기본이 되는 아이템을 말한다. 나는 한 번에 두세 가지 이상의 아이템을 구매하는 것에 반대한다. 직장에 들어가 첫 몇 주 동안 필수적으로 입거나 사용해야 할 것이 무엇인지 생각해보라. 그리고 나중에 천천히 구입해도 될 것들과 별도의 목록을 만들라. 다음은 지금 나와 있는 옷들은 어떤 스타일들인지, 지금 시즌에 핫hot한 것들은 무엇인지 공부를 하라. 잡지를 몇 권 훑어보아도 좋고, 끌리는 스타일의 가게 몇 군데를 가보아도 좋다. 옷가게에 가기 전에 원하는 스타일 사진을 스크랩해서 가지고 가는 것도 방법이다. 이것은 당신이 원하는 것을 '정확히' 사기 위한 연습이 아니고 찾고 있는 '스타일'들을 알아보기 위한 연습이다.

보그 잡지에서 구찌 시프트 드레스(shift dress: 허리라인에 이음새가 없는 심플하고 딱 붙는 드레스 - 옮긴이) 사진을 오렸다고 해서 은행 통장을 깨어 옷을 사라는 것은 아니다. 또 한땀 한땀 완전히 똑같은 모조품을 사라는 것도 아니다. 사진을 이용해 당신이 좋아하는 재단, 길이, 컬러 등에 대한 아이디어를 얻으라는 이야기다.

그리고 처음 사회생활을 시작하는 여성이니만큼 경제적인 문제도 중요하기 때문에 목록을 만든 다음에는 예산을 짜야 한다. 단, 기본적이고 전문적인 옷장 구성은 당신 자신에게도 또 당신의 일에 있어서도 하나의 투자이므로 대학생 때 쓰던 수준과는 달라져야 한다. 그렇다고 빚을 내서까지 옷을 사라는 것은 아니다. 어디까지나 당신의 재정 수준에서 현실적이어야 하며 각 아이템마다 얼마를

당신의 베이직 아이템들을 섞어라

- 당신이 새 옷을 살 때마다 그저 집 옷걸이에 걸어만 놓지 말고 그 옷을 가지고 놀아보라.

- 즉시 그 옷과 함께 입을 다른 아이템이 있는지 옷장과 서랍을 체크하라.

- 여러 가지 다른 매치로 스타일들을 만들어보라(회사 가기 전에 그렇게 하려면 늦어서 힘들다. 막 사왔을 때 하지 않으면 할 시간이 없다).

- 심플한 액세서리의 파워를 무시하지 마라. 새 치마를 샀으면 다양한 컬러의 팬티스타킹을 신어보고 다른 스타일의 신발도 신어보라(세련된 펌프스부터 청키 힐(Chunky heel) 부츠까지 다양하게).

- 지금 시즌만 생각하지 말고 멀리 보라: 새 울 개버딘 정장을 터틀넥이나 티셔츠와 함께 입어보라.

쓸 것인지 한도를 정해 목록에 적어라(그리고 옷가게 점원이 비싼 옷을 사게 만들려고 당신을 설득할 때마다 그 목록을 보자).

이제 옷가게로 나갈 준비가 되었다. 이 옷가게에서 저 옷가게로 옮겨갈 때마다 이 말을 (내가 가장 좋아하는 패션 언어인데) 하나의 주문처럼 머릿속에 반복하라. '적을수록 좋다, 적을수록 좋다, 적을수록, 좋다.'라고.

이것이 당신이 한 옷가게를 나올 때마다 두 달 치 월급을 다 쓰고 쇼핑백을 몇 개나 들고 나오지 않도록 막을 수 있는 방법이다. 머릿속에 이 개념이 있다면 옷을 사면서 중간에 한 번씩은 현실을 체크해 보게 된다. 설령 당신이 아무리 많이 살 돈이 있다 해도 나는 한 번에 너무 많이 사는 것을 권하지 않는다. 오직 '베이직한' 아이템에만 초점을 맞추라.

그 옷들은 당신이 사거나 이미 가지고 있는 모든 아이템들과 다 잘 어울리는 그런 정장이어야 할 것이다. 어떤 종류를 골라야 할지는 당신이 어떤 분야에서 일하느냐에 달려 있다. 바지 정장과 비싼 몇 벌의 바지에 투자하기 이전에 당신이 일하는 곳에서 그것들을 입을 수 있는지 먼저 점검하라. 구식처럼 들리겠지만 아직도 치마 정장을 고집하는 회사들이 있다. 어쨌든 일반적으로, 어두운 톤의 단순한(너무 유행타지 않는) 정장은 처음 사기에 가장 안전하

다. 여유가 되어 두 벌을 살 수 있다면 나는 서로 믹스해서
입을 수 있도록 치마 정장과 바지 정장, 이렇게 두 벌을 살
것을 권한다. 그 다음은 정장 재킷 안에 받쳐 입을 옷이다.
와이셔츠 식으로 된 여성 셔츠 한두 벌부터 시작해서 트윈

세트(twin set: 카디건과 스웨터를 같은 소재, 무늬, 컬러로 맞춘 세트, 레이어드 룩의 간단한 방식 - 옮긴이)까지 다양하게 살 수 있다. 또한 날씨가 좀 더 따뜻할 때나 캐주얼 차림으로 출근할 수 있는 날들을 위해 평범한 티셔츠도 두세 장 구입한다(면 셔츠를 위해 디자이너 브랜드에 돈을 쓸 필요는 없다).

믹스 앤드 매치 요령

이제 구입한 옷들을 가지고 집에 돌아가서 침대 위에 쫙 펼쳐보라. 아래위 합쳐 열 벌 정도 될 텐데 서로 섞어 입으면 충분히 많은 스타일들이 연출될 것이다. 정장을 이 옷 저 옷과 함께 믹스시켜 보고 원래 가지고 있던 옷들 또한 새로운 믹스 앤드 매치를 위해 사용할 수 있음을 잊지 마라. 오래된 것과 새 것을 합쳐도 색다른 스타일이 나온다. 진 바지에 크루넥(crew neck; 목을 둥글게 판 네크라인 - 옮긴이) 스웨터를 입고 새로 산 정장 재킷 중 하나를 위에 입는다. 그런 후에 카디건을 어깨 위에 둘러보라. 아니면 정장 바지에 흰색 셔츠와 스니커즈 혹은 납작한 샌들을 신어보는 것도 좋다. 이렇게 계속해서 옷을 가지고 시험을 하라. 하다 보면 어느 순간, 단지 회사에서 입을 옷뿐 아니라 더 많은 스타일을 연출할 수 있음을 알게 될 것이다.

이렇게 옷을 이 옷 저 옷 짜 맞추어 볼 때 키 포인트는

'믹스 앤드 매치'다. 일정한 컬러군을 고르고 그 안에서 매치시켜야 한다. 예를 들어, 최근 한 여성이 정장 두 벌, 드레스 한두 벌, 코트 한 벌, 그리고 그것들에 받쳐 입을 상의 몇 장을 사려고 나를 방문했다. 우리는 우선 코트부터 찾기 시작했다. 그녀가 좋아하는 버건디 컬러의 퀼팅 코트를 보았다. 물론 그 컬러는 그녀가 좀처럼 입지 않을 것 같은 컬러였다(여기서 잠깐, 가끔 새로운 것에 도전해보는 것은 의미가 있다). 그 다음에 나는 회색 플란넬 정장과 그 안에 입을 초콜릿 컬러의 탱크톱을 골랐다. 그리고 두 번째 정장으로는 브라운 컬러 정장을, 그 안에 받쳐 입을 옷으로는 옅은 파랑 스웨터를 골랐다. 이렇게 골랐을 때 좋은 점은 초콜릿 컬러의 탱크톱이 이 브라운 컬러의 정장과도 어울리고 그녀가 가지고 있는 블랙 셔츠와도 잘 어울린다는 것이다.

마지막으로 구입한 옷은 크랜베리 컬러의 니트 드레스였다. 그 드레스는 버건디 코트 안에 입어도 훌륭하며 회색 정장의 재킷과도 잘 매치되었다. 그래서 결론적으로 그녀는 다소 화려한 옷 세트를 갖출 수 있게 되었다. 브라운, 회색, 버건디 그리고 옅은 파랑으로 악센트를 준 구성이다. 무엇보다 이 각각의 옷들은 믹스 앤드 매치를 할 수 있는 아주 베이직하면서도 세련된 조합이다.

기본 옷장을 구성할 때의 다섯 가지 팁

- 점심시간을 이용해 한꺼번에 다 사려 하지 마라.

- 지금 시즌에 아무리 유행할지라도 컬러가 강한 비싼 정장은 사지 마라. 일주일에 세 번을 입어도 아무도 눈치 채지 못할 컬러를 고르라.

- 신발, 핸드백, 그리고 액세서리는 가장 베이직한 옷 구성에서도 빼놓을 수 없는 부분이다(그러나 당신은 다음 챕터를 읽고 어떻게 그것들을 고르는지에 대한 팁을 얻어야 한다).

- 옷에 투자하는 것과 은행 통장을 깨는 것은 다른 문제다. 값지도 못하고 신용카드의 금액만 올려줄 그런 옷은 사지 마라.

- 당신이 여유가 되는 범위에서 가장 최고의 옷을 구입하라. (힌트: 퀄리티를 생각하라. 진짜 좋은 울 스웨터와 엉망으로 만들어진 캐시미어 스웨터, 두 개 중 하나를 산다면 울을 고르라.)

코트 구입 요령

당신이 시즌마다 코트 컬렉션을 늘리고 싶다면 코트를 당신의 완벽한 옷장을 구축하기 위한 블록재로 생각하라.

울 코트(Cloth Coat)

이 코트는 가장 기본적으로 구매해야 한다. 가장 많이 입는 코트이기 때문이다(정장 위에, 드레스, 바지, 그리고 좀 더 차려입는 이벤트에도). 중립적인 컬러를 고르라. (블랙, 카멜, 브라운, 회색 네이비 등). 그리고 정장 위에 입어야 하니 여유가 있어야 하고 모든 옷을 다 가리는 길이여야 좋다. 안 된다면 적어도 치마와 드레스는 덮어야 한다.

다운 코트(Down Coat)

당신이 추운 지방에 산다면 따뜻한 코트가 필요하다. 다운코

down coat

그리고 옷들을 사자마자 잠시(계산대에서 카드 결제하는 순간까지도) 더 사고 싶은 아이템이 있을 것이다. 그렇다면 차려 입어야 할 회사 이벤트나, 칵테일파티, 혹은 그냥 저녁 데이트를 위해 심플한 블랙 드레스(소매 없는 시프트 드레스)는 어떨까? 매우 진부하게 들릴 수도 있지만 이런 드레스야말로 '뭐든 가능하게 만드는' 투자가 될 수 있다. 일 년 내내 입을 수 있는 가벼운 울 크레이프, 저지 혹은 개버딘 원단으로 된 블랙 드레스를 찾아보라. 그리고 목에 꼭 맞는 진주 목걸이, 긴 비즈 목걸이, 시폰 스카프를 같이 해본다. 또는 드레스에 정장 재킷이나 카디건을 걸쳐도 잘 어울린다.

반복하지만, 어떻게 입느냐에 따라 같은 옷도 달라 보인다. 그리고 당신이 기본적인 아이템을 갖추려고 할 때는 너무 많은 이벤트용 옷들을 사지 않도록 조심해야 한다. 의도적으로 얼마 지나지 않아 질리게 만든 상품을 사는 것은 현명하지 못하다.

새롭지만 베이직한 옷장을 꾸미는 데 있어 지겹지 않기 위해 언제든 여유가 되면 악센트가 될 만한 재밌는 아이템들을 보태주어도 좋다. 신선한 컬러나 유행하는 아이템 등 비싸지 않은 것이면 된다. 그렇게 하면 당신은 매우 모던하게 보일 것이다. 한두 가지의 유행 아이템 (허리라인

이 낮은 바지, 맵시 있는 하이테크 원단의 옷, 혹은 모양이나 길이가 특이한 치마 등)은 당신이 매년 버리고 말게 될 그런 아이템 구성을 피할 수 있게 해준다. 몇 가지 컬러도 보탰으면 한다. 예를 들면 대담한 빨강 (거의 대부분의 사람들에게 빨간색 옷은 잘 어울린다) 또는 실크 겉감이나, 스웨터, 핸드백, 스카프 등에 황록색이 적은 부분이나마 들어가 있으면 좋겠다.

코트를 구입할 때

베이직한 바탕은 언제나 똑같이 남아 있지만 일시적 유행 아이템은 변덕스러운 패션 트렌드와 당신의 기분에 따라 왔다 갔다 한다. 만약 당신이 이러한 쇼핑을 가을에 시작한다면 (현실을 직시해보자. 가을과 겨울 의류는 여름 드레스보다 투자 가치가 높다) 코트를 사기 위한 예산을 따로 마련해야 한다. 이 아이템은 정말 돈이 많이 들기 때문에 당신은 아주 현명하게 구매를 해야 한다.

이때 당신은 투자 개념과 조화를 이루어 좀 클래식한 스타일의 코트를 고르게 된다. 극도로 유행을 타는 스타일은 아무래도 옷장 안의 방충제를 치우기도 전에 구식이 되어 버릴 것이다. 그리고 이 옷은 몇 달 동안 거의 매일 당신이 입을 옷이라는 사실을 기억하라. 다시 말하면, 절

트의 이점은 따뜻하면서도 가볍다는 것이다.

양털 코트 (Shearling Coat)

이 코트는 돈이 많이 들지만 사두면 겨울철마다 몇 년을 잘 입을 수 있다. 7부 길이(무릎 바로 위까지 오는)가 가장 유용하다.

Shearling coat

피 코트(Pea Coat)

완벽한 캐주얼 코트로 시골이든 도시든 어디에서나 어울리며 진바지나 큰 스웨터, 블랙 팬티스타킹과 미니스커트에도 잘 어울린다.

스윙 코트(Swing Coat)

추가로 갖고 있기에 좋은 코트, 가벼운 소재로 만들어져 초봄이나 따뜻한 겨울날 입기 좋다.

안감이 있는 레인코트

당신이 투자할 만한 가장 멋진 코트다. 겉감은 눈이나 비를 막고 안감은 차가운 기온으로부터 보호해준다. 만약 더 이상 입지 않는 모피코트가 있다면 방수원단을 위에 덧대어 럭셔리한 안감이 있는 레인코트를 만들 수 있다.

보머 재킷(항공 재킷)

이 짧은 재킷은 점점 인기를 끌고 있는데 여러 원단(모피나 인조 모피)으로 만들어진다. 캐주얼하게도 입고 또 정장 스타일로도 입을 수 있으며 바지든 치마든 다 잘 어울린다. 코트 아래로 치마가 보이면 안 된다는 옛날 패션 규칙은 잊어라. 지금은 뭐든 통하는 시대다.

모피(Fur)

지금은 럭셔리의 시대다. 그렇다고 전부 모피로 된 코트를 살 필요는 없다. 끝부분만 털이 붙은 울 코트나 모피 모자, 모피 귀마개 등도 훌륭하다.

인조 모피(Fake Fur)

많은 디자이너들이 점점 인조 모피를 이용해 옷을 만드니 이것도 괜찮은 투자다. 이것은 리

대 금방 지겨워질 스타일은 피해야 한다. 물론 빨강과 분홍이 섞인 격자무늬 더플코트에 한눈에 반할 수 있다. 그런데 지금은 확실히 예뻐 보일지 모르나 3월 중순까지 계속해서 백일 하고도 몇십 일을 더 그 코트를 입는다고 생각해보라. 그때도 그 코트를 사랑할 수 있을까? 또한 이 코트를 입고 무엇을 하는지도 생각해 보아야 한다. 회사에 오고 갈 때 운전을 하는가? 그렇다면 차에 타고 내릴 때 끌리지 않는 코트가 필요하다. 만약 지하철을 타고 통근한다면 먼지가 쉽게 타지 않는 어두운 컬러의 코트가 필요하다.

코트에 대해 많은 것들을 언급했다. 그런데 사실 어떤 스타일에 어떤 코트가 어울리는지에 대해서 확실하고 빠른 해답은 없다. 한 예로 며칠 전 나는 아이를 학교에 데려다 주는 한 여성을 보았다. 그녀는 진 바지에 고급스러운 밍크코트와 터틀넥 셔츠를 입고 로퍼를 신었었다. 아마 그녀는 그 밍크코트를 이브닝드레스 위에도 입을 수 있을 테고 또한 미팅을 위한 정장을 입었을 때도 위에 걸칠 수 있을 것이다. 우리는 더 이상 코트를 한 가지 목적으로만 입지 않는다. 그리고 코트의 좋은 점은 큰돈을 투자하는 만큼 스타일과 핏이 매년 급격히 변하지 않는다는 것이다. 물론 유행을 타는 코트들도 많이 있다. 그러나 대부

분의 심플한 스타일, 발마칸(balmacaan; 어깨가 둥글고 몸통이 여유있는 스타일) 모직 코트부터 파카에 이르기까지, 그것들은 한두 시즌이 지나도 쉽게 구식이 되지는 않는다.

이로써 당신의 옷장은 모든 종류의 날씨와 모든 이벤트를 다 커버해 줄 몇 가지의 클래식한 모양의 코트들을 갖추었다. 사실 오직 한 벌의 코트로 살아갈 수는 없다. 당신은 코트를 매일 입기 때문에 모든 시즌, 모든 이벤트를 다 커버할 코트들이 각각 필요하다. 그러나 그렇다 해서 당장 (경제적 사정에 상관없이) 한 번에 네 벌의 코트를 살 수는 없다. 이러한 이유에서 나는 세일 아이템을 크게 지지하는 사람이다. 세일하는 품목 중에서 당신은 괜찮은 코트를 건질 수 있다. 다른 옷들과는 다르게 코트는 시즌이 지나도 그렇게 구식으로 보이지는 않기 때문이다. 세일하는 곳에서 당신 마음에 드는 좀 튀는 스타일을 하나 사 두고 내년을 위해 보관해두라. 나로서는 그것이 괜찮은 투자로 보인다.

얼 모피보다 새롭고 재미있다. 진 바지부터 이브닝 웨어까지 모든 옷 위에 입을 수 있다.

리버시블(양면) 울 코트

이 또한 당신의 코트 컬렉션에 약간의 럭셔리함을 부여한다(다시 한 번 말하지만 세일이 기회다). 어떤 스타일이든, 양면 코트는(안감이 없는) 놀랍도록 부드럽고 가볍다.

2
브랜드를
찾는 이유

브랜드가 주는 안도감

여성들은 여유가 되는 즉시, 그리고 설사 여유가 안 된다 해도 디자이너 브랜드에 열광한다. 나는 하루에도 수없이 입어 볼 옷을 누군가에게 건네주는데 그때마다 그녀들은 하나같이 "누구(어느 디자이너) 거예요?"하고 묻는다. 보통 이것은 자신은 디자이너 브랜드에 신경 쓰지 않지만 어느 디자이너 브랜드인지 호기심은 있다는 표현이다. 그렇다. 이들은 브랜드를 보고 옷을 산다. 단 오트 쿠튀르haute couture 레벨을 찾는 여성들만은 예외다. 샤넬Chanel이나 아르마니Armani에 중독된 여성이 있는가 하면 갭Gap이나 리즈 클레이본Liz Claiborne에 중독된 여성들도 있다. 누구 거예요? 라는 문구는 일종의 쇼핑을 위한 주문이 되었다. 나는 이 여성들이 하나의 안전장치로서 브랜드를 찾는 것이라고 생각한다. 샤넬 정장은 하나의 무기와도 같아, 당신

이 그것을 입고 있는 한 아무도 옷을 잘못 입었다고 흉보
지는 않을 것이라고 생각한다. 어떤 여성들은 옷을 고르
는 데 자신이 너무 없어서 누가 봐도 디자이너 브랜드임
을 알 수 있는 그런 옷만 입으려 한다. 이는 정말 안타까운
일이다.

소수의 여성들만이 진정 개성 있는 자신들만의 스타
일을 고수한다. 다이애나 브릴

랜드(Diana Vreeland: 하퍼스 바자
잡지의 영향력 있는 패션 에디터 -
옮긴이) 같은 여성은 드물다. 브
릴랜드는 아름답지만 우리가 생
각하는 그런 의미로 아름다운

것이 아니며 자신의 몸매와 얼굴에 대해 잘 안다. 또한 자
신을 흥미롭게 보이게 하는 방법을 안다. 그녀는 자신의

이미지를 끊임없이 창조한다.

반면 요즘은 모델이나 영화배우들이 다 똑같아 보인다. 그야말로 복제의 시대다. 너무 많은 패셔너블한 여성들이 서로 똑같아 보이려고 애쓰는 것 같다. 브랜드 마니아들이 주류가 되었다. 어린아이들조차도 캘빈클라인Calvin Klein과 타미힐피거Tommy Hilfiger를 안다. 그리고 10대들은 부모들보다 더욱 로고에 민감하다. 모든 것이 다 로고를 가지고 있다. 구찌Gucci, 제이시페니JCPenny 또는 길거리 패션조차 그렇다. 그리고 사람들은 특정 '브랜드'를 원한다. 브랜드가 사람들을 분류하는 하나의 방법이 되기까지 했다. 당신은 좋아하는 어떤 것을 발견하면 (그것의 퀄리티든, 핏이든, 가격이든) 그 이름을 확인한다. 그래야 나중에 또 찾을 수 있을 테니까. 특히 핏에 관한 한 그것이 팬티스타킹이건, 브래지어건, 바지나 재킷이건 여성들이 브랜드에 집착하는 것도 이해할 만하다.

랄프로렌Ralph Lauren이건 제이시페니의 워딩턴Worthington이건 '이름'을 산다는 것에는 확실히 어떤 안도감이 따라 붙는 것 같다. 그런 라벨과 함께 자신이 유명인이 된 느낌이 든다. 그러나 나는 이런 브랜드 집착은 걱정하는 것 이상의 문제를 가지고 있다고 본다. 그 집착 중 일부는 호기심이다. 그리고 결국 그 호기심은 가격에서 나온다.

당신이 맘에 드는 재킷을 발견했다고 해보자. 그러면 가격표를 볼 것이고 매우 비싸다는 것을 알게 된다. 그 다음으로는 그 비싼 물건을 살 가치가 있는지 없는지 판단하기 위해 어느 브랜드인지 확인할 것이다. 그리고 이러한 과정에서 조절하기 힘든 부분이 있다. 라벨에 XX디자이너 혹은 YY브랜드라고 적혀 있으면 당신은 이 브랜드가 좋다고 들었으니 혹은 내가 찾던 브랜드니 돈 좀 써도 되겠지? 이렇게 생각할 것이다. 당신이 아는 디자이너나 브랜드라면 자신감 있게 입을 것이다. 그래서 그 많은 디자이너들이 그들의 고가 아이템, 최고급 컬렉션 외에 값싼 옷, 속옷, 핸드백 등, 모든 것에 자신의 로고나 이니셜을 붙여 사업을 확장하는 것이다.

어떤 가격이든 고객은 그것을 사고 역시나 유명한 브랜드라는 공인된 물건을 가졌다는 만족감을 얻는다. 그런데 디자이너 브랜드를 가졌다는 그런 안도감, 혹은 흥분 외에 값비싼 물건이나 유명한 브랜드 물건을 샀을 때 당신

옷 투자를 위한 팁
– 럭셔리 아이템

당신이 고급 사무실로 들어갈 준비가 되었다면 (혹은 적어도 그런 사무실에 다니는 여성처럼 보이고 싶다면) 이제 몇 가지 럭셔리한 아이템들을 당신의 기본 옷장에 보충해줘야 한다. 여기 당신의 투자에 가장 높은 수익률을 낼 몇 가지의 옷들을 소개한다.

발마칸 코트

이 옷은 싱글 재킷에 벨트가 없는 남성 스타일의 코트다. 이 코트는 슬림한 리퍼 코트보다 다양한 용도로 입을 수 있다. 럭셔리한 캐시미어나 캐시미어와 울이 섞인 것으로 하나 구입하여 정장 재킷 위에 입자. 출근할 때나 저녁 약속에 입는다.

짙은 컬러의
좋은 정장 한 벌

싱글 재킷을 사도록 한다. 이는 대부분의 여성에게 어울리며 유행도 타지 않는다. 일 년 내내 입을 수 있도록 가벼운 울 개버딘으로 된 정장을 찾아보라.

스웨이드 재킷

사람들은 스웨이드라면 비싸서

은 또 무엇을 얻는가? 사실 어떤 때는 크게 얻는 것이 없다. 나는 어떤 가격대이든 쓰레기처럼 보이는 옷들을 많이 봤다. 재봉선은 엉망이고 실밥이 여기저기 매달려 있다든가, 싸구려 원단을 사용한 그런 옷들이다. 요즘 옷들은 다 비싸다. 그런데 가격이 비싸다고 해서 더 좋은 원단, 더 좋은 구성, 더 좋은 핏을 보장해주지는 않는다. 만약 당신이 면 셔츠 하나를 사려고 할 때 두 장의 셔츠가 있다고 해보자. 하나는 중저가의 브랜드고 또 하나는 ○○ 디자이너 브랜드다. 퀄리티나 구성에 있어 두 셔츠에 확연한 차이가 있는가? 아마 없을 것이다. 디자이너 버전이 좀 더 좋고 부드러운 원단으로 만들어졌을 것이고 디테일한 부분, 버튼, 커프스 등에서 조금 더 나을지는 모르나 사실 당신이 정장 안에 입었을 때 그것을 알아볼 사람은 많지 않을 것이다.

브랜드 옷을 사도 좋은 경우

명확한 차이가 나는 경우는 럭셔리 원단을 썼을 경우인 것 같다. 그리고 이것은 비싼 값을 치를 만한 가치가 있다. 비싼 캐시미어는 만졌을 때 좋고, 모양도 좋으며, 또 값싼 다른 옷들보다 확실히 오래간다. (캐시미어에 대한 더 많은 정보는 6장에 나와 있다). 또 디자이너 브랜드의 울은 덜 비싼 라이벌들과 비교했을 때 훨씬 더 고급스러운 분위기가 난다. 예를 들어 톱 퀄리티의 메리노 울은 만졌을 때 캐시미어 느낌이 나는데, 좀 더 까끌거리는 울과 아크릴이 섞인 원단과는 비교가 되지 않는다. 그리고 최고급 퀄리티의 가죽과 스웨이드는 그보다 조금 낮은 퀄리티의 것들보다 확연히 유연하고 버터처럼 매끈하다. 당신 손이 그것을 느낄 수 있다.

스웨이드의 경우 간단한 테스트를 해보라. 장갑이든, 재킷이든, 핸드백이든, 모든 스웨이드로 된 것은 손으로 문질렀을 때 컬러가 다르게 보이면 안 된다. 이것이 '크로킹'이라는 것인데 시간이 지나도 좋아지지 않는다. 스웨이드는 가격으로 퀄리티를 구분할 수 있다. 잘 알려진 제조업체 것을 고수하고 값싼 매장은 피하라. 이런 때가 당신이 좀 더 지갑을 열고 여유가 되는 한 가장 좋은 것을 사야 하는 경우다.

패션에 관심 많은 사람들이 디자이너 브랜드에 눈을 돌리는 또 다른 이유는 다가올 시즌의 일반적 트렌드와 방향을 알고자 하기 때문이다. 디자이너

겁부터 먹는다(그러면서도 사실 무엇보다 탐내는 아이템이기도 하다). 그러니 안감 없는 스웨이드를 하나 사서 셔츠로, 재킷으로, 아웃웨어로 직장 갈 때나 주말에 입어보자.

A 라인 레인코트

겨울에는 안감 있는 상태로 그냥 입고 따뜻한 날에는 지퍼로 된 안감을 떼어내고 방수가 되는 겉감만 입는다. 이 옷이야말로 진정 모든 계절, 모든 날씨에 입을 수 있다. 당신 스커트 중에서 가장 긴 것보다 더 긴 코트를 사야 하며 벨트가 없는 것으로 고른다(그래야 재킷 위에 걸칠 때 편하다).

큰 스웨터

수없이 많은 스타일의 스웨터들이 유행하고 사라지지만 커다란 좋은 스웨터, 즉 당신이 살 수 있는 가장 럭셔리한 스웨터 (특히 캐시미어)를 사는 것은 언제나 좋고 오래가는 투자다.

가벼운 긴 소매 보디 슈트:
몸판과 짧은 반바지가 연결된 타입으로, 모든 가격대에 이 옷이 나온다. 그러나 가격에 상관없이 이 스타일은 투자가치가 있다. 여행에 안성맞춤이고 점퍼, 스웨터, 정장 재킷 안에 받쳐 입을 수 있으며 진 바지와 이 옷만 입어도 괜찮다.

가죽 핸드백
다른 모든 이들이 프라다(Prada) 같은 나일론 백팩에 열광해도 당신은 퀄리티 있는 좋은 가죽 핸드백을 하나 구입하도록 하라. 아마 평생 쓸 수 있을 것이다.
유행하는 백팩은 모조로 하나 사고 진짜 가죽 핸드백에 투자를 하라.

실크 스카프
에르메스(Hermès)같이 클래식한 것이 좋다. 커다란 사각 실크는 다른 무엇보다 당신 모습을 빨리 바꿔 줄 수 있다. 사보고, 경험해보고, 즐기라.

들의 패션쇼로부터 다음 시즌을 위한 핫한 모양, 컬러, 원단을 엿볼 수 있다. 옛날에는 최신 패션을 알 수 있는 방법이 최신 룩을 똑같이 만들 수 있는 재단사를 찾거나 유럽 디자이너 컬렉션을 똑같이 카피해 대량으로 판매하던 오르바크Orbachs 백화점에 가는 것이었다. 그러나 오늘날에는 밀라노, 파리, 뉴욕의 패션쇼에서 볼 수 있는 최신 트렌드가 눈 깜짝할 사이에 주류가 되어 모델들이 패션쇼의 무대에서 내려오기도 전에 그 트렌드의 옷들이 팔리고 있다. 당신이 스타일 있게 옷을 입기 위해 큰돈을 쓰지 않아도 된다는 것은 좋은 일이다.

그러나 그렇다고 디자이너 브랜드로부터 배울 게 없다는 얘기는 아니다. 당신이 디자이너 브랜드를 살 형편이 안 되더라도 백화점 안에 있는, 디자이너 브랜드 매장에는 방문할 수 있다. 옷을 안 살 것이라 해서 겁먹지 마라. 그저 한 번 죽 둘러보고 어떤 스타일들이 있는지 보라. 원단도 만져보고, 재킷 모양도 눈 여겨 보고, 스커트 길이가 어떤지, 악센트로 쓰인 컬러들이 무엇인지 보라. 이렇게 하면 당신이 디자이너 브랜드 다음가는 메이커의 옷을 사러 가든 할인 매장으로 옷을 사러 가든 거기서 본 것들은 당신이 지금 시즌 가장 핫한 스타일을 구매하는 데 많은 도움이 될 것이다.

그러나 여기서 명심해야 할 것은, 더 이상은 너무 유행하는 것만 사지 말라는 것이다. 가격에 상관없이 잘 고르기만 하면 오늘날엔 무엇이든 유행이 된다.

포인트 칼라(Pointed Collar; 셔츠 칼라의 일종 - 옮긴이)가 유행이라 해서 만다린 칼라(Mandarin Collar; 목을 둘러싼 칼라의 일종 - 옮긴이)가 한물 간 것이 아니고 크루넥이 유행이라 해서 포인트 칼라가 한물 간 것도 아니다. 당신 마음에 들고 당신에게 잘 어울린다고 느끼는 아이템들로 당신의 옷장을 구성하면 유행이 한 번 바뀌고 또 두 번 바뀌어도 구식이 되지는 않는다. 그리고 만약 지금 옷장에 있는 어떤 아이템에 싫증이 났다면 한 쪽에 보관했다가 종종 다시 꺼내어 입으면 새롭다. 거의 새 것처럼 느껴지며 입을 때도 흥분될 것이다. 그리고 그럴 때마다 스스로 투자를 잘 했다고 느낄 것이다.

3

날씬해 보이게 입는 법

나의 고객은 18세에서부터 80세까지 다양하지만 사이즈도 44사이즈에서 88사이즈까지 다양하다. 그리고 같은 실크 바지를 누구는 격식 있는 이벤트에 가기 위해 사고 또 다른 이는 해변에서 입으려고 산다. 옷 입기를 도와주는 데 적임자인 베티 같은 사람은 여성들이 항상 자신을 느끼는 방식에서 벗어나 자신을 달리, 새롭게 볼 수 있도록 도울 수 있다.

– 마이클 코어스
(Michael Kors), 디자이너

누구나 몸매에 불만이 있다

오래 입을 수 있는 옷들로 잘 구성된 옷장, 즉 당신과 함께 성장하고 성숙해지는 그런 옷장의 본질은 당신이 입었을 때 예뻐 보이는 그런 옷들을 갖추고 있어야 한다는 것이다. 만약에 그렇게 못한다면 당신은 세상에서 가장 아름다운 옷을 사 옷장에 걸어 놓고는 꺼내 입고 거울을 본 후 마음에 안 들어 찢어 버리든가 아니면 옷장에 다시 넣어 버리는 일을 반복하게 된다.

　나는 당신이 44를 입건 66을 입건 상관하지 않는다. 모든 여성들은 자신의 몸매에 문제가 있다고 생각한다. 옷을 입은 후 피팅룸에 가서 "와, 정말 멋지다. 모든 게 나에게 완벽하게 맞아."라고 말하는 여성은 한 번도 보지 못했다. 여성들이 자신의 몸매에 대해 자신 없어 하는 것에 관한 한, 해부학 차트를 꺼내 쭉 훑으며 설명해도 모자랄

것이다. "내 헤어스타일이 싫다," 다음에는 "내 배 나온
것 좀 봐," 그리고 "내 엉덩이 큰 것 봐!", "난 내 다리
가 싫어." 머리끝부터 발끝까지 불만투성이다.
그리고 결국 문제가 되는 부위를 가
리거나 단점을 커버해 주는 옷을 찾
는다. 그러나 나는 생각이 다르다. 내
가 고객들 옷을 입혀줄 때 나는 그
여성이 44사이즈건 77사이즈건 그들의 개성에 맞게
옷을 입힌다. 옷이 몸을 가리거나 커버하는 기능
이상을 하도록 돕는다. 보디 라인에 관해서라
면 우리 시대는 확실히 계속적
인 발전의 단계에 있는 것 같
다. 한쪽 끝에 비만이 심한 여
성들이 늘고 있는 반면 한쪽 끝

엔 이를 악물고 운동을 하는 여성들이 있다. 그들은 날씬할지는 몰라도 넓은 어깨, 커다란 이두박근에 탄탄한 허벅지를 키우게 된다. 그런데 불행히도 디자이너들은 재단할 때 이러한 양쪽의 현실을 고려하지 않는다. 따라서 많은 여성들이 그들의 사이즈를 바꿔야만 한다. 만약 당신이 그런 상황에 있다면 그것이 얼마나 힘든 일인지 알 것이다. 당신은 자신이 언제나 완벽한 55 사이즈를 입을 수 있으리라고 생각했겠지만 어느 새 66을 입어야 한다. 그런데 나는 고객들에게 라벨에 어떤 사이즈가 적혀 있든 개의치 않도록 가르친다. 사실 중요한 것은 '핏'이다.

중요한 것은 '핏'이다

당신이 그 옷을 입었을 때 등에 '나는 66 사이즈다'라고 크게 라벨이 붙어 있지는 않다. 다른 사람들이 보는 것은 어떻게 그 옷이 당신에게 맞아 떨어지느냐 하는 '핏'의 문제다. 억지로 작은 사이즈를 입어 너무 타이트한 옷보다는 당신에게 핏이 잘 맞는 옷이 결국 당신을 돋보이게 한다. 모든 여성들이 자신에게 잘 맞는 핏을 찾기 어렵지만 특히 사이즈가 큰 여성들의 비애는 이루 말할 수 없으리라. 인정해야 할 것이 있다. 오늘날 패션은 살이 많은 여성들에게 맞춰져 있지는 않다는 것이다. 그렇지만 방법이 없는 것은 아니다. 이러한 고객들은, 다른 고객들과 마찬가지로 자신을 돋보이게 하는 옷들을 사서 잘 코디네이트하는 방법을 찾아야 한다. 이를 위해 기꺼이 많은 옷들을 입어보아야 한다.

자신에게는 항상 이런 스커트와 저런 드레스만 어울린다는 평소의 생각에서 벗어나라. 실제로 옷을 골라주면 때로 어떤 고객은 패닉 상태가 된다. "오, 베티, 저는 이런 옷 못 입어요, 이건 제게 절대 어울리지 않아요." 그렇지만 옷을 일단 입어보게 하면 거울을 보고 즉시 그 옷과 사랑에 빠지는 경우가 수도 없이 많다.

입으면 당신이 무조건 날씬해 보이는 그런 신비한 옷 입기 공식은 없다. 사실 많은 부분 그것은 태도의 문제거나 자신감의 문제다. 내가 어떤 옷을 입힌다 해도 66사이즈의 여성이 44사이즈의 여성으로 보일 수는 없기 때문이다. 그러니 당신은 당신 몸에 만족하고 그 몸에 맞게 옷 입는 방법을

빅 사이즈 여성의
옷 입기: 그 거짓과 진실

거짓: 재킷을 입으면 몸집이 커 보인다.

진실: 사각의 박시한 재킷은 몸집이 커 보일 수 있지만 가늘고 긴, 부드럽게 몸에 딱 맞는 재킷은 더 예쁘게 보인다.

거짓: 어떤 바지를 입어도 엉덩이가 산처럼 크다.

진실: 깔끔한 라인의 바지(접은 주름도 없고 주머니도 없는)는 슬림해 보인다.

거짓: 결점을 가리기 위해 어두운 컬러를 입어야 한다.

진실: 블랙이나 어두운 컬러는 당신을 슬림하게 보이도록 해줄지 몰라도 당신을 예쁘게 보이도록 하는 것은 밝은 컬러(그냥 악센트로 조금만 들어가도)다.

거짓: 고무줄 허리로 된 옷은 도저히 맞는 게 없을 때나 입는 옷이다.

진실: 고무줄 허리 스커트나 바지에 긴 상의를 입으면 어느 부위도 당김 없이 골고루 떨어지는 느낌을 받을 수 있어 날씬해 보인다.

배워야 한다. 사이즈가 큰 여성들 중 어떤 고객들은 헐렁하게 옷을 입어 몸을 가려야 마음이 편한 반면, 다른 고객은 언제나 블라우스를 치마 안으로 집어넣어 입고 벨트를 매는 식으로 모든 옷을 딱 맞게 입어야 한다고 고집한다. 나는 그게 그녀에게 좋은 일이라고 말한다.

당신은 소위 '2킬로그램 신드롬'에서 벗어나야 한다. 매일 나는 여성들이 너무 작은 옷을 사려 하면서 2킬로그램을 빼서 그 옷을 입겠다고 하는 것을 본다. 당연히 그런 식으로 옷을 구매해서는 안 된다. 자신의 지금 몸을 돋보이게 하는 옷을 사라. 당신이 2킬로그램을 빼겠다고 그 옷을 사 집에 가져가면 그 옷은 가격표도 떼지 않은 채 옷장에 걸려 있으면서 당신에게 언제 입을 거냐고 조롱할 것이다. 당신이 살이 많다면, 당신은 (물론 빨리 빼도록 계획해야 하며), 싫어도 할 수 없이 큰 사이즈의 옷을 사야 한다. 그래야 항상 입을 수 있고, 살이 빠져도 옷을 새롭게 리모델링해서 입을 수 있다.

당신이 옷을 입어 단점을 가리고 몸을 돋보이게 하려면 맞는 원단을 고르는 것이 중요하다. 나는 맞는 원단이 사람들을 5킬로그램까지는 날씬해 보이게 할 수 있다고 생각한다. 우선 살찐 여성은 (또는 넓은 엉덩이나 큰 가슴을 좀 감추고자 하는 여성은) 옷이 너무 각이 잡힌 듯한 느낌을 주는 뻣뻣한 원단은 피해야 한다. 그런 모양의 옷은 펑퍼짐해 보이고 당신이 가리고 싶은 부분은 더 강조하는 결과를 낳는다. 실크, 시폰, 벨벳, 가벼운 울 크레이프 같은 부드럽고 얇은 원단으로 된 치마를 입었을 때 훨씬 예뻐 보임을 알 수 있을 것이다. 모든 부드러운 원단이 공통적으로 가진 특성은 리듬감이다. 그런 원단들은 몸에서 흘러내리는 듯하고 끼는 느낌 없이 몸에 붙어 있으며, 그래서 당신이 입었을 때 당신을 더 여성스럽고 섹시하게 보이게 한다.

특정한 옷 모양도 (맞는 원단과 결합되었을 때) 같은 효과를 갖는다. A라인 드레스나 스윙 코트 같은 약간 움직임이 있는 실루엣을 지닌 옷이라면 어떤 것이든 살이 많은 여성과 엉덩이가 큰 여성들을 돋보이게 한다. 나는 옷에서 움직임의 실루엣은 매우 중요한 요소라 생각한다. 이는 걸을 때 글래머러스한 느낌을 줄 뿐 아니라 당신 몸에서 옷이 살랑거리는 듯한 느낌을 준다.

그러나 몸을 달라 보이게 하거나 몸을 작아 보이게 하는 옷의 속임수가 살이 많은 여성들에게만 필요한 것은 아니다. 나는 매일같이 내 숍에서 다양한 사이즈, 비율을 지닌 여성들을 보기 때문에 시간이 흐르면서 모든 단점들 (고객의 머릿속에 첫 번째로 존재하는 단점들)을 가리고 예뻐

거짓: 스트라이프와 패턴이 들어간 옷은 피한다.

진실: 옷을 개별적으로 평가하라. 모든 스트라이프가 당신을 뚱뚱해 보이게 하지는 않는다. 블랙 단색 옷이 당신을 다 날씬하게 보이도록 할 수 없는 것처럼 말이다. 모든 것을 고려해볼 때 얇은 세로줄무늬가 당신을 슬림해 보이게 한다 (다만 기적은 바라지 마라).

거짓: 몸을 더 가릴수록 몸무게가 덜 나가 보인다.

진실: 어떤 여성이건 살이 살짝 보이면 더 여성스럽고 섹시해 보인다. 그러니 가슴골을 보여줄 수 있는 브이넥을 시도해보라. 아니면 저녁 파티에 끈 없는 드레스를 입고 시폰 스카프를 매 보라.

보이게 할 수 있는 속임수들에 기대게 되었다. 이 모든 속임수들을 위해서는 다시 거울로 돌아가야 한다. 당신은 옷을 입었을 때 정직하고 객관적으로 당신을 마주해야 한다. 그러나 거기에 반영되는 모습에 너무 집착해서는 안 된다. 매일같이 여성들이 수없이 많은 부분이 맘에 안 든다고 불평하는 소리를 듣는다. 팔꿈치, 무릎 뒤쪽, 목, 등, 눈 밑 처진 부위, 손의 힘줄, 주근깨 등등 정말 끝도 없다. 이때 내가 할 수 있는 일은 그들이 그것을 잊게 만드는 것이다. 당신도 그렇게 해야 한다. 그렇게 생각하는 부분들을 잊고 장점을 강조하는 옷을 입어야 한다.

가슴이 큰 여성의 경우

며칠 전 목까지 단추를 채우는 만다린 칼라 재킷 정장을 입은 한 고객이 나를 찾아왔다. 그녀는 가슴이 매우 컸고 몸집이 거대해 보였다. 나는 그녀에게 맞는 77 사이즈를 찾을 수 있으면 다행일 거라고 생각했다. 그런데 놀라운 것은, 그녀가 옷을 벗자, 그녀의 몸이 그렇게 거대하지 않았다는 사실이다. 그저 풍만한 몸에 큰 가슴을 지닌 것뿐이었다. 즉, 뭘 입느냐에 따라 무겁고 거대해 보일 수도 있고, 또 훨씬 날씬하면서도 볼륨 있게 보일 수 있다.

나는 당장 그녀의 목까지 올라오는 그 재킷을 벗기고

허리부분이 살짝 들어간 브이넥 싱글 재킷을 입혔다. 그러자 그녀는 전보다 5킬로그램은 날씬해 보였다.

당신이 저녁 약속을 위해 옷을 입을 때는 목이 파인 옷이 특히 섹시해 보인다. 그러나 너무 파져 가슴골이 보이는 것이 싫다면 가슴 라인을 다 덮는 상의를 고르되 그 이상은 몸을 가려서는 안 된다.

큰 가슴을 지닌 여성이 또 하나 조심해야 할 것은 블라우스를 입었을 때 채운 단추 사이가 벌어지는 것이다(실제로 좀 더 마른 사람들도 이런 모습을 보이기도 하는데). 당신도 이렇게 블라우스가 벌어져 안에 입은 브래지어가 보이는 여성들을 많이 보지 않는가? 위에 정장 재킷을 입으면 괜찮겠지 하고 생각할 수도 있다. 그러나 대부분 사무실에서 사람들은 정장 재킷을 걸어 놓고 블라우스만 입은 채일한다. 그렇게 가슴 부위가 터질 것같이 옷을 입는 것보다는 차라리 약간 큰 블라우스를 입는 여성이 훨씬 좋아보인다. 그러니 제발, 새 블라우스를 살 때는 거울을 보고모든 각도에서 잘 살펴보기 바란다. 이때 별로 예뻐 보이지 않으면 사지 마라. 절대 집에 가서 다시 입어 본다고 더예뻐 보이지 않을 것이니 말이다.

어깨가 너무 넓거나 좁을 때

넓은 어깨의 여성이 반드시 피해야 할 것은 바로 어깨 패드다. 당신이 미식축구 선수처럼 보인다고 늘 고민하는 사람이라면 어깨 패드는 피해야 할 첫 번째 아이템이다. 패드를 옷에서 과감히 빼내라. 패드는 시침질로 되어 있거나 혹은 벨크로로 붙어 있어 쉽게 제거할 수 있다.

어깨를 좁아 보이게 하려면 옷의 구조가 단순해야 한다. 뻣뻣해 보이는 어깨를 가진 복잡한 정장 재킷을 입는 대신 부드러운 재킷이나 카디건 세트를 입어보라. 그러면 당신은 훨씬 여성스러워 보일 것이다. 그리고 재단이 어떻게 되었느냐에 따라 어깨가 꼭 넓어 보이지 않을 수 있으니 민소매 옷에도 도전해보자. 저녁 약속에는 하이넥인 민소매의 딱 붙는 드레스보다 목 쪽으로 깊이 파인 드레스나 홀터넥을 입어보라. 더 노출할수록 어깨의 각은 줄어든다.

한편 너무 좁은 어깨를 가진 사람도 문제다. 이럴 경우 어깨에 뭔가 덧대야 하는데 여기서 중요한 것은 자연스러워야 한다는 것이다. 가령 걷고 있는데 재킷 속에 마치 옷걸이가 그대로 들어 있는 것같이 보일 때가 있다 (이게 바로 딱딱하고 자연스럽지 않은 어깨 패드가 낳는 결과다). 이럴 땐 어깨부분을 보충해서 비율을 맞추되 과도한 어깨 늘림으

로 비율을 더 심하게 망치지 말아야 한다. 나는 어깨 좁은
고객들과 일할 때는 그들의 어깨 패드를 다 없애버린다.
이렇게 다 떼어내거나 반으로 확 줄여 옷을 다시 꿰맨다.
아니면 더 부드러운 모슬린(muslin; 촘촘하게 짠, 표백하지 않
은 흰색 면)으로 된 패드로 바꿔보라. 그렇게 하면 훨씬 더
자연스러워 보일 것이다.

　사이즈가 작은 여성이 문제될 것은 없겠지만 마르고

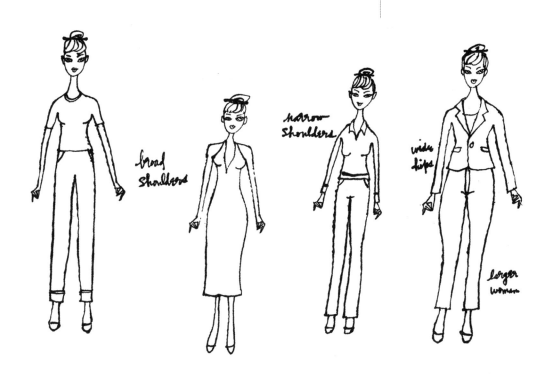

키까지 작은 여성이라면 어울리는 옷을 찾기가 힘들 것이다. 물론 작은 사이즈의 상품이 많이 나와 이런 딜레마를 풀 수 있도록 도와주지만 이것이 모든 핏 문제를 해결해주지는 않는다. 만약 당신이 키가 작고 허리가 길다면 대부분의 작은 사이즈 바지가 잘 안 맞을 것이다. 재킷도 종종 떨어지는 길이가 자연스럽게 보이지 않을 것이다. 이렇게 키 작은 여성에게는 '비율'이 열쇠다. 입는 옷이 다 짧아야 할 필요는 없다. 예를 들어 짧은 치마와 입을 때는 좀 긴 재킷을 입어도 될 것이며 슬림한 바지를 입을 때는 허리 위에 오는 크롭 재킷(보통 재킷보다 길이가 짧은 재킷 - 옮긴이)이 어울린다.

엉덩이에 자신이 없다면

엉덩이에 살이 없고 처진 것에 불만을 가진 여성들도 많은데 이것은 크게 심각하지 않다고 본다. 가득 차고 예쁜, 둥근 엉덩이는 물론 당신 몸을 젊어 보이게 할 것이다. 그러나 이제는 어찌할 수 없는 문제이므로 나는 그러한 불만을 가진 내 고객들에게 이렇게 말한다. "20년 전이었다면 당신이 처지고 평평한 엉덩이 문제로 저를 찾아왔을까요?" 엉덩이는 나이가 들수록 처지고 평평해진다. 이럴 경우 수술적 방법으로 바꾸지 않는 한, 별로 취할 수 있는 방법이 없다. 일정 나이가 된 고객들에게는 스커트 웨이스트밴드를 올려 입도록 한다. 엉덩이가 없으면 치마가 더욱 처져 보이기 때문이다.

치마가 처져 보일 때가 바로 당신의 젊음이 저만치 도망가 버린 때다.

그러나 너무 큰 엉덩이라면 이것은 심각한 문제가 될 수 있다. 너무 넓거나 좁은 어깨의 여성들처럼 비율이 이상해 보일 수 있기 때문이다. 이럴수록 타이트한 바지를 입는 것이 도움이 된다. 헐렁하거나 남성복처럼 주름이 잔뜩 들어간 바지는 어느 누구의 엉덩이에도 아름답지 않다. 그러니 슬림한 바지를 고르라. 헐렁한 스타일의 바지는 영 멋이 없다. 핏이 좋고 엉덩이가 예뻐 보이는 (특히 엉덩이가 큰 여성들을 위하여) 바지는 옆에 지퍼가 달린 정통 바지다. 이런 바지는 앞부분이 완전히 부드러워 당신 몸의 가운데 부분이 훨씬 깔끔하고 날씬해 보일 것이다. 주머니를 떼어버리는 것이 좋다. 그러면 당신의 엉덩이는 0.7

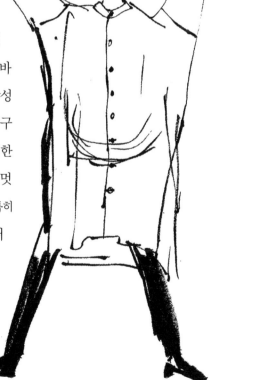

센티미터 정도는 작아 보일 것이다.

만약 당신의 고민이 엉덩이보다 배에 있다면 엉덩이 뼈까지 내려오는 셔츠를 입는 것이 가장 좋다. 엉덩이까지 일자로 떨어지는 사각 스웨터도 좋고 (밑에서 묶는 옷은 피하라), 싱글 재킷이나 민소매 조끼도 좋다. 허리가 들어가지 않으면 임신복 같다는 생각을 버려야 한다. 바이어스 재단의 셔츠는 몸에 붙지 않아 타이트한 바지를 같이 입었을 때 당신의 배가 가장 잘 가려질 수 있다.

임신부를 위한 팁

임신한 여성들은 가장 힘든 고객들이다. 왜냐하면 누구도 잠시 입을 임신복에 돈을 많이 쓰고 싶어 하지 않기 때문이다. 그렇다고 그들에게 뭐라 할 수는 없는 노릇이다. 그러나 한 가지 반가운 사실은 임신복도 이제는 많이 발전하여 그전처럼 피터팬 칼라나 중학생이 입는 점프 슈트 같지만은 않다는 것이다. 톱디자이너들이 임신복의 새로운 경지를 열었다. 배 부분만 빼고는 전혀 임신복 같아 보이지 않는다. 좀 더 스타일리시한 임신복들이 이제는 여성들이 임신부임을 자랑스럽게 여기게 하며 임신복 패션을 즐기게까지 했다.

텐트같이 생긴 드레스 대신에 이제 더 많은 임신부들

이 작고 타이트한 티셔츠를 뽐내며 입는다. 볼록 나온 배를 자랑스러워 할 뿐 아니라 셔츠와 바지 사이에 살짝 살을 노출하는 것도 시도한 다. 허리밴드가 배 아래에 오 도록 현명하게 만들어진 진 바지, 트라우저, 스 커트 등의 새로운 스 타일들은 배를 덮는 부분 만큼 원단도 절약하며 임신 한 여성들의 패션을 살려준 다. 한두 장의 기본 바지가 임신복을 위한 베이스가 될 것이다.

당신의 어깨, 팔, 가슴에 맞게 재단된 그런 배 위로 편하게 흘러내리는 셔츠를 찾아보라. 큰 배를 자랑 하고 싶을 정도는 아니 더라도 가리려고 헐렁 한 셔츠나 남자 옷처

Maternity
is
beautiful!
- dress it
up!

럼 큰 셔츠는 입지 마라. 이렇게 입는다면 단지 임신부처럼 보이는 게 아니라 온몸이 펑퍼짐해 보일 것이다. 드레스도 좋은 해결책이다. 랩 스타일은 가슴을 돋보이게 하고 실크처럼 부드럽게 떨어지는 옷감은 몸매를 아름답게 보이게 한다.

임신 중의 기분 좋은 옷차림은 무조건 예쁜 드레스를 입는 것이다. 다리가 여전히 매끈하고 예쁘다면 치마를 좀 더 짧게 입어라(단, 뒤가 더 긴 것을 사야 입었을 때 한 쪽만 들어 올려진 것처럼 보이지 않는다). 또한 풍만해진 가슴을 좀 자랑하고 싶으면 스쿠프 넥(타원형으로 목둘레를 판 옷 - 옮긴이)을 입어라. 그리고 팔을 드러내는 것을 두려워하지 마라. 설사 그런 스타일을 별로 안 좋아한다 해도 다른 부분에 비해 팔이 이렇게 얇아 보일 수 있는 때는 이 기간 말고는 없다. 액세서리도 눈을 돌리는 데 도움이 된다. 밝은 컬러의 스카프나 커다란 핀, 이어링 등은 다른 사람의 시선을 당신의 배로 가게 하지 않고 당신 얼굴에 잡아두는 유용한 것들이다.

이러한 방법들은 당신 몸매의 결점들을 가리는 데 유용할 것이다. 그러나 옷을 입고 거울 앞에 섰을 때 거기에 케이트 모스Kate Moss가 없고 오직 당신이 서 있다고 실망하지 마라. 물론 당신은 옷을 가지고 여러 게임을 해 볼 수

있다. 그러나 당신이 완벽하게 변장을 할 수는 없는 것이
고 또 그럴 필요도 없다. 옷을 입는다는 것은 단순히 하나
의 위장술을 찾는 작업이 아니라 당신 몸에 어울리는 것
을 찾는 일이다. 그리고 당신이 입는 옷 외에 당신 인생에
서 중요한 것이 얼마나 많은가.

Chapter 3

액세서리, 구두, 그리고 메이크업

1

패션에
재미를 더하는
액세서리

THE
UNACCESSORIZED
LIFE IS NOT
WORTH LIVING

저는 베티의 사무실에 앉아 매우 절충적인 옷차림이 필요한 캐릭터의 의상들을 결정하고 있었어요. 그런데 옷은 거의 끝났는데 주얼리를 아직 결정하지 못한 상태였어요. 저는 주얼리가 스타일 있고 커다란 것들이되 너무 압도적이지는 않았으면 좋겠다고 생각했었거든요. 베티가 하고 있는 주얼리처럼요. 그래서 저는 베티를 보며 말했어요. "베티, 당신의 주얼리는 어떨까요? 제가 살게요." 물론 그녀는 날 황당하다는 듯 쳐다보았지만 오케이 했고 그래서 결국 캐릭터용을 따로 사지 않고 베티의 개인용 주얼리를 사용하게 되었답니다.

— 제프리 컬랜드 (Jeffrey Kurland), 우디 앨런 필름 의상 디자이너

나는 액세서리를 하는 것은 그림을 그리는 것과 같다고 생각한다. 당신의 옷은 하나의 틀이고 그 위에 덧붙여지는 목걸이, 스카프, 귀걸이, 그리고 어떠한 액세서리든 그것들은 모두 예술품이다. 하지만 이것이 미니멀리즘이 유행하는 시대에서는 이해하기 어려운 개념임을 깨달았다.

만약 당신이 액세서리를 별로 하지 않는 사람 혹은 전혀 하지 않는 사람이라면, 주얼리 숍에 진열된 방대한 양의 싼 장식품들이나 벼룩시장의 낡은 액세서리들을 볼 때 조금은 겁이 날 수도 있겠다. 그러나 동시에 당신은 그것들에 매료될 것이다. 얼마 전 왔던 한 고객은 앤티크 아르데코 핀에 완전히 마음을 뺏겼다. 그러나 그녀는 가게에서 당장 사가지 않고 집으로 돌아가, 그 핀과 어울리는 옷이 있는지 보길 원했다. 나는 그 반대다. 나 같으면 그 핀을 먼저 사고 나서 그 핀에 맞추어 입을 옷이 없는지 찾아

볼 것이다. 즉, 핀, 스카프, 구두가 먼저고, 옷은 나중
이다. 이것은 옷을 멋지게 입는 방법 중 하나다.

　사람들은 내 주얼리에 항상 한 마디씩 한다. 특히
핀에 대해 그렇다. 모두가 그것을 다 좋아한다고 할
수는 없고 또 꼭 칭찬을 들어야 할 필요는 없다. 하지
만 단순한 코멘트라도 좋다. 핀을 착용하고 있으면
쉽게 대화를 시작할 수 있다. 나는 진짜 오래전에 산
몇천 원 정도 하는 핀을 가지고 있다. 빨강, 파랑, 흰색이
섞인 별 모양의 플라스틱 핀이다. 그것을 얼마나 많이 버
리려 했는지 모른다. 망설이다가 항상 서랍 한쪽에 던져
놓았다. 그러다 최근 오찬 약속에 빨강과 흰색의 체크무
늬 셔츠를 입은 뒤 그 핀을 착용하고 갔다. 그런데 다음 날
오찬에 같이 있던 한 여성이 내게 전화를 해 내가 그 핀을
어디서 샀는지 묻지 않는가. 그야말로 신통한 골동품이

아닐 수 없다.

나는 사람들은 누구나 자신을 장식하는 것을 좋아한다고 생각한다. 서로 다른 문화와 인종, 연령의 집단들을 둘러보라. 목에 꼭 끼는 진주 목걸이를 한 사람이 있는가 하면 배꼽에 피어싱을 한 사람도 있다. 저마다 특별한 장식법을 지니고 있다. 또 어떻게 보이는지도 모르면서 끊임없이 엄마의 보석들을 걸쳐보는 어린아이들을 보라. 아이들은 엄마의 액세서리뿐 아니라 자기네들이 만들어 내거나 크래커 잭(Cracker Jack: 과자이름 - 옮긴이)에 들어 있는 플라스틱 장난감 보석들을 가지고도 끊임없이 자신들을 장식한다. 그런데 불행히도 우리들은 자라면서 이런 패션의 재미있는 부분들을 잃어버리는 듯하다.

옷 입는 것, 그리고 액세서리를 착용하는 것조차도. 패션은 실용성을 너무 강조하고 있다. 오늘날 가장 잘 팔리는 액세서리가 토트백(tote bag: 윗부분이 트이고 손잡이가 달린 핸드백 - 옮긴이), 시계, 안경과 같이 모두 기능적인 것들이라는 사실을 보면 알 수 있다. 꼭 필요하지는 않은 것으로 보이는 팔찌, 핀, 스카프 등은 찬밥 신세다. 사람들은 이렇게 생각한다. '나한테 이게 꼭 필요한가?' 그러나 장식이란 그런 차원이 아니다. 목걸이가 꼭 필요한 때가 있

는가? 없다. 그러나, 그렇기 때문에 액세서리를 착용하는
재미가 있는 것이 아닐까 한다.

　주얼리를 사는 것은 예술품을 사는 것과 같아야 한다.
이것은 수집의 문제다. 대부분 옷을 좋아하는 사람들은
수집하는 것을 좋아한다. 당신이 이제 막 액세서리에 관
심을 갖기 시작했다면 기억하라, 그 재미의 반은 찾는 데
있다는 사실을. 예쁘고 착용했을 때 기분 좋아지는 그런
어떤 것을 찾아 사랑에 빠지는 것, 그것이 바로 주얼리가
주는 재미다.

　예쁜 주얼리를 발견하면 당신의 눈이 즉시 반응할 것
이다. 주얼리는 옷보다 더 즉각적이고 분명한 반응을 불
러일으킨다. 커다란 라펠 핀(lapel pin; 옷 깃에 꽂는 핀-옮긴
이)을 보고 망설이는 일은 거의 없다. 바로 좋든가 싫든
가 둘 중에 하나다. 그리고 당신이 진짜를 사든, 가짜를 사
든, 주얼리는 당신이 옷에서는 느낄 수 없는 그런 애착을
느낄 수 있는 무엇이어야 한다. 주얼리는 감상적이고 종
종 많은 감정이 그것에 담겨 있다. 당신의 남자 친구나 남
편이 처음으로 주얼리를 당신에게 선물하는 순간, 그것은
가장 달콤한 경험 중의 하나가 될 것이다.

　나는 액세서리에 대해서는 당신이 어떻게, 언제, 어디
서 착용해야 하는지에 관한 특별한 규칙을 정하지 않으려

한다. 오직 한 가지 내가 세우고 싶은 규칙은 해보라는 것이다. 여기서는 핀을 꽂아보고, 저기서는 스카프를 둘러보는 것이다. 잘못될 것이 뭐가 있겠는가.

보석 장식

오래전에 주얼리는 언제나 찬밥 신세였다. 그러나 코코 샤넬Coco Chanel이 진짜와 모조가 혼합된 진주 목걸이를 디자인하여 착용하고 난 후부터 판도는 바뀌었다. 나는 의상 주얼리가 다시 크게 인기를 끌 것이라고 예상한다.

구찌는 예전 것에서 다시 활용할 만한 것을 찾기 위해 자신의 회사 아카이브를 파고들어 체인벨트를 다시 내놓았다. 그리고 이후 모조 금은 체인 목걸이, 알이 큰 반지, 라인스톤과 에메랄드가 박힌 라펠 핀 등이 유행하고 있다. 주얼리는 아주 비싸지만 않다면 일회용 패션으로 여겨질 수 있는데 이렇게 재미로 하고 너무 의미를 부여하지 말자. 주얼리는 새 옷을 사지 않고도 새로운 룩을 만들어낸다. 오래 지니고 있던 칵테일 드레스를 입을 때 두툼한 목걸이를 한 번 해보라. 새롭게 보일 것이다. 블랙 스웨터에 대담한 컬러의 플라스틱 등의 팔찌 여러 개를 차보든가 우스꽝스러운 핀을 달아, 당신이 지금 뭔가 변화를 원하고 있다고 세상에 알리는 것도 재미있지 않은가.

그리고 매번 가는 전통 보석 백화점에만 가지 마라. 싸구려 잡화점, 친척 집 다락방, 중고품 할인 판매점, 앤티크숍, 길거리 매대, 벼룩시장, 중고 물품 세일 이벤트들을 모두 다녀보라. 주얼리 붐이 다시 일면서 종종 벼룩시장이 값싼 장신구를 구하기 위한 최적의 장소로 여겨진다. 그러나 그렇다고 주얼리가 다 비싸지 않다는 것은 아니다. (샤넬의 모조 진주 귀걸이는 몇 십만 원 한다). 그리고 확실히 모든 빈티지가 싸지는 않다(재키의 진주 목걸이 모조품을 생각해보라. 소더비즈에서 몇 백만 원에 팔렸다). 그러나 만약 당신이 조금 날카로운 눈을 가졌다면 조금만 인내하고, 상상력을 약간 발휘하면서 오래된 잡동사니들을 고르다 보면 좋은 물건들이 많다는 것을 알 것이다.

모든 이들이 자신의 액세서리를 매치시키는 데 집착한다. 그러나 하느님은 은시계에 골드 귀걸이를 매치하는 것을 허락하셨다. 물론 사람들이 세트 개념을 깨기 싫어한다는 걸 나도 알지만 자신에게 너무 엄격할 필요는 없다. 영국 귀족들은 정교하게 차리는 개인 식기세트 쟁반에 순은과 금을 섞어 사용했다. 이와 같이 주얼리에도 금과 은, 백금, 스테인리스강 등이 섞여 사용될 수 있다(예를 들면, 카르티에 롤링 반지나 롤렉스 시계). 그런 믹스가 훌륭해 보일 수 있다. 그러니 당신도 두려워 마라.

나는 주얼리를 할 때 어울리지 않으면 어떻게 할까 하며 겁먹지 않는다. 모든 것이 다 어울릴 수 있다. 나는 포인트가 될 핀이나 비드 목걸이를 먼저 착용하고 그 다음 다른 것들을 채워나간다. 나는 하나의 주얼리를 걸고 적어도 3초는 본다. 하지만 아마도 당신은 거울 앞에서 이런저런 주얼리를 다 착용해보며 무엇으로 결정할지 고민할 시간이 없을 것이다. 그래도 무언가 골라서 걸쳐보자. 조금만 연습하면 빠른 시간 안에 어울리는 주얼리로 멋지게 당신을 꾸밀 수 있다.

귀걸이

모든 연령대의 여성이 귀걸이에 중독될 수 있다. 귀걸이는 액세서리를 덜 할수록 좋다고 생각하는 사람들조차 어쩔 수 없이 끌리는 아이템이다. 얼마 전 누군가가 내게 말했다. "전 이제 옷 사는 대신 귀걸이를 사야겠어요." 왜 아니겠는가. 귀걸이는 얼굴을 돋보이게 하고, 재미있으며, 매력적이다. 또한 옷을 새롭게 보이게 한다. 귀걸이는 누구나 착용할 수 있다. 누군가를 뚱뚱하게 보이게 하는 귀걸이 같은 것은 본 적이 없다. 귀걸이는 지나치게 주의를 끌지 않기에 착

용하기 가장 쉽다. 작은 다이아몬드가 박힌 귀걸이부터 커다란 금 링 귀걸이, 새로운 형태의 귀걸이까지, 다양한 귀걸이가 당신의 취향이나 흥미를 표현해준다.

　아무튼 당신이 액세서리를 시작할 때 첫 번째로 심플한 진주 귀걸이에 투자하라. 진주 귀걸이는 절대 유행을 타지 않고, 진 바지 위에 착용해도 옷을 잘 차려입은 것처럼 보이게 하며 이브닝드레스 등에는 완벽하게 어울리기 때문이다. 사실 가장 좋은 베이직 아이템은 바로 다이아몬드 귀걸이다. 진주보다는 비싸지만. 하지만 그게 꼭 진짜여야 할 필요는 없다. 큐빅 지르코늄 가짜 다이아몬드 귀걸이는 주변에 얼마든지 있으며 충분히 아름답다. 그리고 단언컨대 진짜인지 보려고 당신 귀를 살펴보는 사람은 많지 않을 것이다. 이렇게 심플한 다이아몬드 귀걸이는 짧은 머리나 단발머리에 잘 어울리며 하나로 묶어 뒤로 넘긴 머리 스타일에도 좋다. 2캐럿의 큰 다이아몬드라도 엉망으로 긴 머리칼 속에서는 잘 보이지가 않는다. 그래서 나는 긴 머리에는 길게 늘어지는 좀 별난 귀걸이를 하는 것을 좋아한다. 긴 머리를 뒤로 확 넘길 때 혹은 귀 뒤로 머리카락을 넘길 때마다 그것들은 찰랑거리며 빛을 받아 반짝인다.

네크라인과 어울리는 목걸이

라운드 넥

금이나 은으로 된 폭이 넓은 (cuff) 목걸이, 진주나 비드 초커

파인 브이 넥

가슴 아래까지 내려오는 기다란 진주 목걸이, 흔들거리는 목걸이, 초커

보트 넥

폭이 넓은(cuff) 목걸이, 기다란 진주나 비드 목걸이, 꼬인 진주 초커

끈 없는 상의

커다란 진주나 비드 초커(하나는 화이트, 하나는 블랙 진주로 두 개를 하라), 짧은 다이아몬드나 보석 목걸이

터틀넥

폭이 넓은(cuff) 목걸이, 긴 체인 목걸이, 진주나 비드 목걸이

목걸이

섬세한 체인 목걸이는 목에 걸었을 때 언제나 사랑스럽게 보인다. 그러나 한번 목걸이 사이즈가 컸던 그런 시대로 돌아가 보자. 목에 끼는 커다란 금 목걸이, 한 줄, 두 줄, 심지어 세 줄짜리 진주 목걸이, 여러 가지 컬러의 커다란 비드 목걸이 등. 이러한 커다란 초커(choker; 목에 꼭 끼는 목걸이)들은 고민할 필요가 없이 모든 옷의 네크라인에 어울린다(풍성한 터틀넥만 빼고). 거기에 커다란 귀걸이를 한다면 당신은 세트를 완성했다고 느낄 것이다. 그러나 모든 것이 매치될 필요는 없다. 특히 진주 목걸이는(진짜든 가짜든) 무엇하고도 어울린다. 진주는(심지어 가짜라도) 피부톤을 밝고 돋보이게 하며 옷을 돋보이게 한다. 심플한 오픈 네크라인 드레스에 진주 초커를 해보라. 갑자기 백만 불짜리 옷처럼 보이지 않을까.

라펠 핀(브로치)

내가 항상 권하고 또 내가 자주 사용하는 액세서리가 바로 라펠 핀이다. 여기서 상상력을 발휘해보라. 당신이 어떤 핀을 고르든 그것은 사람들과의 대화를 열어주는 매개체가 된다. 당신이 동질감을 느낄 수 있는 핀을 골라 보라. 동물 모양, 추상적인 조각품 디자인, 꽃 모양, 실크, 또

는 진짜 꽃까지 (샤넬의 트레이드마크인 카멜리아(동백나무)처
럼) 다양하다. 단, 처음 시도할 때는 많은 돈을 쓰지 마라.
처음에는 싼 벼룩시장 물건으로 테스트해 보라. 정장 재

킷에 달아보고 옷 입을 때 자연스러운 부분이 되는지 지켜보라. 만약 그것이 편해지면 당신은 심지어 핀을 단 채로 정장 재킷을 옷장에 걸어 놓게까지 될 것이고, 그러면 다음에 정장을 입을 때 무슨 액세서리를 해야 할지 고민하지 않아도 된다.

물론 라펠이 핀을 달기에 가장 좋은 위치지만, 만약 둥근 네크라인의 상의를 가지고 있다면 네크라인 중간에 달아보라. 핀의 위치보다 짧게 내려오는 목걸이를 한다면 그 핀이 꼭 목걸이에 달린 행운의 부적처럼 보일 것이다. 그 밖에 블라우스 칼라에 작은 핀이나 가느다란 앤티크 핀을 달아 봐도 좋고, 반짝이 핀을 이브닝 백 앞면에 달아 멋을 부려도 좋겠다.

팔찌

어떤 사람들은 손목에 뭔가 둘러찬 느낌 자체를 싫어하기도 하지만 어떤 사람들은 평생 손목의 쨍그랑하는 소리를 즐긴다. 나는 6~8개의 뱅글(고리 모양의 단단한 팔찌)을 즐겨 착용하는데 사람들이 실버 뱅글이 쨍그랑 울리는 소리가 들리면 내가 사무실에 왔다는 것을 알아차린다고 한다. 그럴 때면 나는 언제나 목에 방울을 단 고양이 이야기가 생각난다. 이처럼 만약 당신이 뱅글이나 체인, 장식

물이 달린 팔찌를 착용하면 누구 몰래 오가기란 힘든 일이다. 그래서 많은 여성들이 좀 더 안전하게 하려고 하나짜리 골드 뱅글 이나 커다란 팔찌, 아니면 심플한 테 니스 팔찌를 착용하나 보다. 만약 당 신이 매일 차는 좋아하는 팔찌가 있다 면 새 재킷이나 긴 소매 드레스를 살 때 그 팔찌를 꼭 생각하고 사라. 소매가 팔찌가 보이도록 짧지 않으면 그 팔찌가 계 속해서 소매 원단을 닳게 할 것이다.

반지

나는 사람들이 반지를 살 때 다른 액세서리와 어울릴 것을 고민한다고 생각하지 않는다. 아마도 반지는 다른 것과 매치될 것을 걱정하지 않고 사게 되는 아이템일 것 이다. 만약 당신이 금시계를 좋아하는데 백금 결혼반지를 가지고 있다면 두 개를 같이 차보라. 잘 어울릴 것이다.

반지는 당신의 손에 악센트를 주기에 훌륭한 소품이 며 또 손은 우리 몸 중에 가장 아름답고 표현력 있는 부분 이라고 생각한다. 이브닝드레스를 입을 때 사치스러운 듯 보이는 황홀하고 커다란 스톤 반지를 매치해보는 등 옷

입기의 하나로 반지를 낄 수도 있고 감성적 측면에서 사용할 수도 있다 (할머니의 도장이 새겨진 반지 혹은 학교 반지 등). 그런데 정말 많은 여성들이 늘 같은 반지만 낀다. 좀 바꿔주고 새 것을 시도해보자, 스카프처럼 반지도 여러 개를 즐겨보라.

시계

실용적이고, 권위 있어 보이며, 그러면서도 주얼리인 것, 그것이 바로 시계인데 시계야말로 대부분의 사람들이 특별한 일 없이도 매일 착용하는 액세서리가 아닐까 한다. 전에는 사람들이 회사에서 착용하는 것과 저녁에 차는 좀 더 우아한 시계를 구분하기도 했었다.

한편 요즘 사람들은 남성미 넘치는 탱크 스타일 시계와 스포츠용 그리고 캐주얼웨어를 위한 좀 더 견고한 것, 재미를 위한 신기하고 새로운 형태의 시계 등으로 자신의 주얼리 박스를 구성하는 것 같다. 당신이 주얼리에 투자를 하고 싶다면 시계가 좋다. 시계는 매일 찰 뿐 아니라 클래식한 시계는 유행을 타지 않기 때문이다. 유명한 '탱크' 시계는 (그렇다고 꼭 카르티에(Cartier)일 필요는 없다. 탱크시계의 창시를 말하는 것일 뿐) 완벽한 예다. 당신은 거리 상점에서부터 타이맥스Timex, 부로바Bulova, 그리고 그 이상에 이르기까지 모든 가격대에서 비슷한 시계들을 찾을 수 있다. 그리고 심플한 디자인의 질 좋은 시계는 누구나가 필요로 하는 것이다.

그러나 스와치Swatch 열풍에서 보듯, 트렌디하고, 비싸지 않으며 다양한 컬러를 가진 시계들은 재미로도 살 수 있다. 이 시계들은 옷에 활기를 불어넣지 않는가. 시계도 또한 수집 대상물이 되어가고 있다. 당신이 어느 정도 시계를 모은 상태라면 시계도 귀걸이나 핀처럼 당신의 옷, 기분, 계절에 맞추어 골라서 착용하는, 진정한 패션 액세서리가 될 수 있다.

스카프

스카프는 내가 좋아하는 액세서리 중 하나다. 스카프를 착용하는 것은 당신의 오래된 옷들을 업데이트시키는 것이며 다소 평범한 의상들에 무언가를 보충해주는 것이다. 스카프는 또한 당신 옷장에 컬러와 패턴을 더한다.

스카프는 당신이 단순한 드레스나 정장을 입어도 그 옷들이 완전히 다른 룩이 되게 하기 때문에 당신의 옷 구성을 늘리고 다양화할 수 있다. 스카프를 살 때는 눈으로만 보지 말고 꼭 손으로 만져보라. 스카프를 진정으로 살리는 것은 부드러운 캐시미어, 깃털처럼 가벼운 시폰, 녹

스카프 매는 법

스카프를 올바로 매는 것은 전
혀 어려운 일이 아니다. 약간의
노하우와 연습만 있으면 된다.
여기 당신이 해 볼 수 있는, 그
러나 매다가 직장에 늦는 일은
없는, 그런 스카프 매는 법들을
소개하겠다.

● 둥그런 고리를 사용하여 스
  카프 양쪽을 끼워 붙여놓는
  다. (에르메스 디자인처럼),
  둥그런 고리는 많은 스카프
  가게에서 비싸지 않게 살 수
  있다.

● 긴 직사각형 스카프는 재킷
  앞쪽으로 둥그렇게 말아 넣
  는다.

● 실크 사각형 스카프는 반으
  로 접어 삼각형으로 만든 뒤
  머리에 쓰고 목 뒤에서 묶는
  다.

● 실크 사각형 스카프는 일단
  반으로 접어 삼각형을 만든
  뒤 5센티미터 정도의 허리띠
  처럼 보일 때까지 계속 접어
  허리나 엉덩이에 맨다.

● 재킷을 차려 입을 때 작은 스
  카프는 무엇이든 포켓에 장
  식으로 꽂을 수 있다.

ring w' bar

rectangle scarf
inside jacket

stole or pareo

아내리는 듯한 실크 등 럭셔리한 원단이다.
그런데 대부분의 여성이 스카프를 사랑하
고 몇 개씩 꼭 구입하기도 하지만 매는
요령이 없어 막상 옷을 입고 나갈 때
헤매는 것 같다. 옷은 잘 입었는
데 스카프를 잘 활용하지
못하면 멋이 안 난다. 턱
시도를 멋있게 차려 입
었지만 나비넥타이
를 매지 못해 진땀을
흘리는 불쌍한 신사와
같다.

홀륭한 투자는 역시
언제 어느 경우건 골라 맬
수 있도록 다양한 원단을 고루
갖추는 것이다. 이브닝드레스
를 입을 때 그에 알맞은 우아
한 코트가 없다면 팬시한 숄
을 둘러보라. 가을에 여행 갈
때도 따뜻한 울 숄을 함
께 가져가면 좋다. 여

행 가방에 코트를 넣는 것보다 자리도 많이 차지하지 않으며, 무엇보다 쌀쌀한 밤에 따뜻하게 걸칠 수 있다. 좋은 원단(특히 캐시미어같이 럭셔리한 원단)으로 된 커다란 숄은 매우 비쌀 수 있겠지만 스타일이 변하지 않고 (항상 커다란 직사각형) 어떤 옷 위에 걸쳐도 무난하다.

스카프 매는 것을 두려워 말라. 갖고 있으면 그냥 매자. 실수해봤자 얼마나 큰 실수겠는가. 프린트된 실크 사각 스카프(클래식한 에르메스 스카프처럼)는 가장 많이 팔리며 놀랍도록 다용도로 쓰이면서도 착용이 쉽다. 처음에는 그냥 반으로 접어 삼각형을 만든 다음 목에 둘러보자. 그렇게 하면 스카프의 프린트나 모양을 잘 보이게 할 수 있고 또 그렇게 매는 방법은 정말 쉽지 않은가. 그러나 이 사이즈 스카프의 매력은 역시 가늘게 접어 허리에 벨트처럼 맨다든가 가슴 부분에 비키니 스타일처럼 두르거나 재클린 오나시스 스타일인 머리에 두르는 방법이 있다.

사실 그 밖에도 방법은 수도 없이 많다. 러블리한 실

● 빅 사이즈의 스카프들은 다용도로 쓸 수 있다. 얇은 시폰 스카프를 어깨에 걸친 후 가슴 부분에서 묶어보라. 세련된 비치웨어가 된다. 또 캐시미어나 멋진 오간자 스톨은 칵테일 드레스 위에 코트 대신 둘러본다.

크, 부드러운 시폰, 또는 앤티크 레이스 등의 원단을 1미터가 약간 안 되게 직사각형으로 잘라 스카프 룩을 만들 수 있다. 정장 재킷 위에 두른 뒤 목 안 쪽으로 넣어보라. 마땅한 블라우스가 없을 때 안성맞춤이다.

안경

아마도 도로시 파커(Dorothy Parker:미국의 시인, 단편작가, 1893~1967) 시대에는 안경을 쓴 여자에겐 남자들이 작업을 걸지 않았을지도 모른다. 그러나 오늘날에는 교정 안경이건, 연예인 스타일 선글라스건 모두 아주 핫한 액세서리로 통한다. 유명한 브랜드들이 생겨나면서 안경도 하나의 권위 있는 액세서리가 되었다. 조르지오 아르마니Giorgio Armani같은 고가의 고급 브랜드부터 소피아로렌Sophia Loren이나 피에르가르뎅Pierre Cardin 같은 유명 브랜드들의 안경은 어느 안경점에서나 팔고 있다. 안경은 그래서 일류 디자이너의 스타일을 쉽게 살 수 있는 액세서리 중 하나다. 나는 안경을 사는 것을, 그림을 넣는 액자를 사는 것으로 여기고 싶다. 안에 있는 내용물을 더 아름답게 보이게 하면서도 그 내용물로부터 시선을 빼앗지 않는 그런 액자 말이다.

가는 와이어 테로 된 안경은 작은 얼굴에 잘 어울리며

안경이 눈에 띄지 않기를 바라는 사람에게도 좋
다. 반면에, 많은 여성들이 두껍고 굵은 테의 안
경을 패션의 일부로 착용한다. 안경은 당신이 편
한 대로 사면 되고 어떤 용도로 쓰라는 규
칙도 없다. 안경을 몇 개 구입해 놓고 기
분에 따라 바꿔 써보라. 헤어스타일에 따
라 안경이 바뀔 필요는 없다. 거울을 봤을
때 맘에 드느냐 아니냐의 문제다. 돋보기를
써야 하는 나이가 되었다면 할머니들이 착
용하는 체인 달린 안경을 과감히 사용해보
라. 거북 등딱지, 비드, 가죽, 밝은 원석 등
으로 된 체인은 안경을 편리하게 사용하면
서도 시크하게 보이게 한다.

however...
men do
make passes
at girls
who wear
sunglasses!

scarf →

가방

핸드백에 대해서는 두 가지 접근이 있을 수
있다. 클래식한 모양에 베이직 컬러를 가진 아주
비싼 가방에 큰돈을 투자하여 항상 그 가방만 들
든가, 아니면 다양한 컬러, 모양, 사이즈, 패턴
의 가방 여러 개를 갖추어 놓고 옷에 맞춰 들
든가 할 수 있다. 여기에 옳고 그른 것은 없다.

당신 개성에 달려 있는 것이다. 당신이 옷을 보수적으로 입는 편이라서, 매일 들 수 있고, 뭐든지 넣을 수 있으며 어디든 들고 갈 수 있는 그런 가방 하나를 갖고 싶다면 돈을 좀 들여 좋은 것을 사면 된다. 만약 옷을 바꿔 입는 것처럼 자주 가방을 바꿔 들기를 원한다면 너무 비싼 것과 너무 유행을 타는 것, 이 두 가지만 사지 않도록 주의하면 된다. 그런 것들을 사면 결국 시크한 느낌은 오래가지 못하고 당신 옷장은 '유행 지난 스타일 가방'들로만 가득 찰 것이다.

좋은 가방에 투자할 이유는 많다. 직장에 매일 들고 다니는 커다란 가방은 이것저것 담아야 하기 때문에 질이 좋아야 한다. 그리고 오버코트처럼 (가방은 일 년 내내 든다는 점이 다르지만) 당신의 가방은 사람들이 당신의 스타일이나, 취향, 개성들을 알아보는 첫인상의 일부다. (사실 우리는 사람들의 옷을 보고 많은 부분을 판단하지 않는가.) 그래서 그렇게 많은 여성들이 코치Coach, 루이비통Louis Vuitton, 프라다, 구찌, 샤넬 같은 권위 있는 브랜드 제품에 큰돈을 쏟아 붓는 것 같다. 가지고 있음으로써 안도감을 느낄 수 있는 그런 장치 말이다.

유명 브랜드 가방을 들고 다니면서 당신은 자신이 좋은 취향을 지녔다는 사실(혹은 부자라는 사실)을 만인에게 선포한다. 내세울 것이 없으니 그것이라도 들고 다니는 게 아니겠냐고 반문하겠지만 나는 그런 이유 때문만은 아니라고 생각한다. 가방에 돈을 많이 쓰는 것은 자신이 어떤 위치에 있는가를 보여주는 것 이상이다. 고급 가방은 그만큼 럭셔리한 재료로 만들어지고, 매력적인 디자인을 갖추었으며 일류의 퀄리티와 기술이 집약돼 있는 것이다. 그래서 '인베스트먼트 드레싱(유행에 좌우되지 않는 베이직한 옷을 기본으로 한다는 생각 – 옮긴이)'이라는 말이 있는 것이다.

매일 들 비싼 가방을 사려면 블랙, 네이비, 브라운, 버건디, 탠(tan: 무두질한 소가죽의 황갈색 – 옮긴이) 컬러 같은 보수적인 색을 찾아보라. 단, 당신이 블랙 옷을 입으니까 블랙 가방을 사야 한다는 식의 사고는 버려야 한다. 나는 짙은 컬러의 옷에 카멜이나 베이지 가죽 가방을 드는 것을 좋아한다. 그리고 블랙 옷에 네이비 컬러를 매치하는 것도 매우 시크해 보인다.

이제는 당당히 패션 무대에 끼여든 백팩은 스포츠계나 학교에서부터 그 영역을 넓혀 이제 토트백이나 커다란 핸드백 역할까지 대신하고 있다. 현재는 모든 연령대의 잘 차려입은 여성들이 백팩을 메고 다니는 것을 볼 수 있다. 아마 그 백팩에는 소중하게 여기는 다이어리, 핸드폰, 갈

아입을 옷가지 등 자신의 생활 전체가 담겨 있을 것이다.

그런 큰 백팩의 실용성은 잘 이해하지만 내 생각엔 좀 더 여성스러운 핸드백이 다시 유행할 것 같다. 또 그런 큰

Bags

백팩은 걷다가 어깨를 돌리면 옆에 있는 사람에게 피해를 줄 수도 있지 않은가. 만약 챙겨 다녀야 할 것이 많다면 큰 백팩에 소지품과 작은 핸드백을 함께 넣어 다니라고 조언하고 싶다. 그러면 점심시간이나 저녁 약속에 꼭 필요한 것만 핸드백에 넣어 나갈 수 있다.

잠시 유행하는 패션을 원한다면 프라다, 구찌 등의 모조품을 이용하는 것도 괜찮다고 생각한다. 요즘에는 많은 여성들이 자신의 가방 개수를 줄이는 추세다. 따라서 이런 비싸지 않은 모조품을 구입하는 것은 크게 투자하지 않고도 때에 따라 필요성을 충족시키는 방법이 될 수 있다. 길거리 상인들은 유행에 매우 밝다. 싸면서도 보기 좋고 뭔가 있어 보이는 느낌을 내는 게 뭐가 잘못이겠는가? 일단 재미도 있고 그 제품을 오래 쓸 수 없어도 크게 신경 쓰지 않는다.

이브닝 백은 돈을 덜 쓰고 넘어갈 수 있는 또 다른 방법이다. 물론 주디스 리버Judith Leiber의 보석을 두른 작은 가방이나 프라다의 실크 파우치, 샤넬의 퀼팅 클러치처럼 멋들어지고 놀랍도록 비싼 가방들이 많지만 백화점이나 아울렛에서 견직물이나 폴리사틴으로 된 덜 비싼 좋은 가방들을 많이 찾아볼 수 있다.

멋진 백들을 찾아볼 수 있는 또 다른 장소는 빈티지 숍이다. 얼마나 많은 친구들이 나의 오래된 이브닝백을 빌려 쓰는지 모른다. 나는 비드가 비스듬히 가늘게 박힌 작은 백을 포함하여 오래된 가방 여러 개를 가지고 있는데 그것들은 1930, 40년대에 어머니가 쓰시던 가방들로 지금도 여전히 상태가 괜찮다.

벨트

많은 이들이 벨트 고리가 있는 옷에는 자동적으로 벨트를 끼운다. 물론 벨트 고리를 비운 채로 다니는 것도 보기 좋지는 않지만 벨트를 맨다는 것은 그저 아무 가죽 끈이나 고리에 끼워 넣는 것을 의미하지 않는다. 최근 벨트가 진정한 패션 액세서리로 다시 각광받고 있는 가운데, 허리는 옷차림에서 중요한 부분으로 떠올랐다. 에르메스의 'H' 버클 벨트는 영원한 클래식이다. 구찌의 호스비트(horse bit : 말의 재갈을 두 개 이은 모양의 금속장식 – 옮긴이) 버클은 늘 팔린다(동시에 셀 수 없이 많은 모조품들이 다양한 가격대로 팔리고 있다). 몇 해 전에는 스키니 가죽 벨트가 대유행이었는데 그때는 캘빈클라인 브랜드의 스키니 가죽 벨트를 사려는 고객들이 대기자 명단에 이름을 올리고 순서를 기다려야 할 정도였다.

그런데 많은 여성들이 허리에 무언가를 맨다는 것을

부담스러워한다. 왜냐하면 그렇게 함으로써 자신의 엉덩이나 두꺼운 옆구리로 시선이 집중되는 것을 원하지 않기 때문이다. 실제로 우리가 나이가 들면서 가장 먼저 살찌는 부분이 바로 허리다. 평생 스칼렛 오하라(Scarlett O'Hara: 소설 '바람과 함께 사라지다'의 여주인공, 허리가 가는 것으로 유명 – 옮긴이)의 몸매를 유지하는 사람은 드물다. 그래서 대부분의 사람들은 치마나 바지를 사면 바로 벨트 고리를 모두 없애버린다(이 작업은 간단해서 어느 수선 집에서도 가능하다).

　그런데 과연 벨트가 원래 기능대로 쓰이는 때가 있을까? 나는 벨트를 안 매서 길을 걷다가 바지가 흘러내렸다는 사람은 한 번도 보지 못했다. 게다가 누구나 허리에 살이 붙으면 벨트를 매는 것이 매우 불편할 것이다. 아무도 멋을 위해 그런 불편을 감수하진 않을 것이다. 10센티미터가 넘는 버클이 달린, 허리를 꽉 죄는 벨트를 매는 것이 유행한 적도 있는데 아마도 앉을 때마다 살을 파고들었을 것이다. 그래서 저녁때쯤 되면 허리에 멍이 들어 있는 일도 비일비재했을 것이다. 그러나 이제 우리는 그런 시대에 살지 않는다. 스칼렛의 시대는 갔다.

즉, 벨트는 꼭 사야 하는 아이템은 아니다. 하지만 당신이 벨트를 좋아하고 찼을 때 불편하게 느끼지 않는다면 악어가죽 같은 좋은 가죽 벨트에 투자하는 것이 좋다(올록볼록한 가죽 종류는 싼 가격에도 아름다운 것이 많다). 이는 진 바지나 카키 바지 등 모든 종류의 바지에 맬 수 있고, 셔츠 드레스 또는 슬림한 니트 드레스 위에 매도 좋다. 또 다른 좋은 베이직 아이템은 체인벨트다. 금이나 은, 혹은 거북 등딱지를 이은 것도 있다. 이런 체인벨트나 긴 가죽 끈 벨트는 허리에 약간 헐렁하게 차도록 만든 것이라 착용했을 때 거의 엉덩이까지 내려온다. 굵은 허리로부터 시선을 분산시키며 또 허리를 상대적으로 얇아보이게 한다.

기본적인 벨트들을 마련했다면 이제 신기한 스타일들에 눈을 돌려도 된다. 그런 벨트들은 장식으로 이용하라. 그것이 바로 패션이 재미있는 이유다. 거의 주얼리나 예술에 가까운 벨트를 찾아보라. 내 서랍 중 하나는 정말 특이하고 오래된 벨트 버클들로 가득 차 있다(나이가 들어 벨트는 점점 작아지는데 버클은 그대로 남아 있는 것이 신기하기만

하다). 나는 오래된 장 무어(Jean Muir: 영국의 전설적인 디자
이너. 1928~1995)의 제품들을 가지고 있는데 정말 아름답
다. 언젠가는 그 오래된 버클들을 다시 붙일 가죽 벨트들
을 사려고 한다. 나는 또한 새의 깃털로 된 벨트를 오랫동
안 가지고 있었다. 이 매력적인 벨트를 나는 니트 드레스
위에 두르곤 했다. 바로 이럴 때 벨트는 빛을 발한다. 당신
의 옷을 살려주는, 그리고 모으고 싶은 그런 벨트를 발견
하면 절대 놓치지 마라.

2

멈출 수 없는
구두사랑

여유 시간이 거의 없는 바쁜 직장 여성인 내게 베티 할브레이치는 최고의 패션 솔루션이다. 피곤하게 쇼핑하지 않고도 어떤 이벤트이건 잘 어울리는 완벽한 옷들을 골라 준다.
– 실비아 웨인스탁
(Sylvia Weinstock, 실비아 웨인스탁 케이크 회사 경영, 케이크 디자이너)

여성들은 액세서리 중 구두를 정말 사랑한다. 구두의 경우 물론 발에 맞아야겠지만 옷처럼 그렇게 핏을 맞춰야 하는 것은 아니다. 따라서 옷처럼 여러 각도에서 볼 수 있는 거울 등을 통해 분석할 필요가 없다. 뒷모습을 걱정할 필요도, 뚱뚱한 배가 보일까 봐 걱정할 일도 없을 뿐 아니라 머리가 엉망으로 되었어도 상관없다. 실제로 내가 아는 빅 사이즈의 한 여성은 정말 아름다운 구두들을 수집한다. 옷을 사는 데 싫증이 났을 때 구두를 새로 하나 구입하면 기분전환이 된다. 물론 어떤 수준까지는 구두가 확실히 실용적이고 편해야 한다. 내 어머니는 발이 불편한 구두는 당장 벗어버리라고 했다.

그렇다고 해서 편한 것만을 위해 스타일을 저버릴 필요는 없다. 종종 전혀 실용적이지 않은 예쁜 구두를 발견하는 데서 큰 기쁨을 얻기도 한다. 나는 아주 멋진 구두를 사는 것을 좋아한다. 일단 멋진 구두를 사고 그 다음에 그 구두에 어울리는 옷을 생각해본다. 그러나 이런 경우보다 더 기쁜 것은 평소엔 살 것 같지 않은 스타일의 구두를 세일할 때 구입하여 그것에 맞는 옷을 입고 자랑스럽게 신고 나가는 일이 아닐까?

옷이 잘 안 팔리는 시즌에 백화점을 가보면 거의 텅 빈 느낌이 든다. 그러나 구두 코너만은 크리스마스 때의 장난감 가게처럼 북적거린다. 아무리 옷이 많은 여성이라도 구두를 사서 채울 공간은 따로 있는 것 같다. 뉴욕 거리를 걷다 보면 스니커즈를 신고 직장으로 뛰어가는 여성들을 흔히 보는데 도대체 그 예쁜 구두들은 다 언제 신는 것일까. 사실 새로운 구두처럼 오래된 옷에 활기를 주는 것도 없다. 그리고 여성들은 구두라면 기꺼이 자신의 지갑을 더 열 준비가 되어 있다. 요즘은 구두가 다 비싸다. 그런데도 여성들은 프라다나 구찌 신발 매장에 바글거린다. 구두의 비싼 가격도 디자이너 브랜드의 옷 한 벌 가격만큼은 되지 않으므로, 200만 원 정도의 캘빈클라인 정장을 못 사는 대신 몇십 만 원짜리 디자이너 구두를 마련하여 일류 아이템에 투자했다는 만족감을 느끼는 것이다.

나는 당신이 얼마짜리 옷을 입었건, 구두가 당신의 모습을 전혀 다르게 보이도록 할 수 있다고 믿는다. 그리고 적절히 잘 관리하면 구두는 매우 오래 신을 수 있다. 또한 독창적으로, 또 다양하게 신을 수 있다. 이제 블랙 정장에 블랙 구두를 신고 네이비 정장에 네이비 구두를 신던 시대는 갔다. 또 예전에는, 사람들이 여행할 때 보통 구두를 대여섯 켤레씩 가방에 싸 가지고 다녔지만 이제 더 이상 그런 사람은 없을 것이다.

많은 여성들이 신발장을 구두로만 꽉 채우는 경우가 많은데 내가 생각하는 베이직한 신발장을 소개해 보겠다.

- **심플한 블랙 구두**(중간 높이의 힐을 가진 가죽 펌프스 정도) 기본적으로 모든 옷이랑 어울린다.
- **스니커즈** 스포츠, 산책을 위해서 필요하다.

• **캐주얼 슈즈** 블랙, 브라운 또는 네이비 컬러(당신 옷이 주로 무슨 색이냐에 따라 달라질 수 있음)의 로퍼나 커다란 끈 달린 신발로 진 바지나 카키바지 등 주말 복장에 어울린다. 좀 더 캐주얼한 날 팬츠 슈트와 입어도 좋다.

• **섹시한 하이힐**(신고 잘 걸을 수 있다면)은 하나쯤 가지고 있을 만하다. 하이힐처럼 다리를 길어 보이게 하고 여성스럽게 보이도록 하는 신발은 없다. 〈섹스 앤 더 시티〉(Sex and the City: 1998년부터 6시즌에 걸쳐 방영된 인기 미국 드라마—옮긴이)에 나오는 캐릭터들의 마놀로 블라닉**Manolo Blahnik**에 대한 집착 때문에 그 디자이너의 이름은 거의 '섹시 구두'와 동격이 되어 버렸고, 모든 여성들이 그 구두를 신고 싶어 한다. 당신이 진짜 마놀로 블라닉을 사든 마놀로 모조품을 사든, 멋지게 물 빠진 짙은 부츠커트 진(나팔바지)이나 맞춤 바지(구두 앞부분만 보이게 바지는 충분히 길어야 한다)와 함께 신어보라.

• **부츠** 가을, 겨울, 봄까지 치마나 바지와 신을 수 있다. 과거에 부츠 지퍼가 잘 안 잠겨서 힘들었다면 종아리 부분이 좀 더

넓거나 신축성이 있는 부츠를 고를 것. 무릎까지 오는 블랙 가죽이나 스웨이드 부츠는 가장 유용한 투자다.

• **드레시한 이브닝 슈즈** 칵테일파티, 결혼식, 그 외 고급스런 이벤트에 신는다. 매우 비쌀 수 있지만 투자라 생각하고 몇 년 신을 것을 마련한다.

• 마지막으로, 당신의 신발장은 적어도 한 켤레의(여유가 된다면 두 켤레, 세일 중에 찾아보라) 새롭고 **스타일리시한 최신 유행 구두**를 갖추어야 한다. 유행에 뒤처지지 않으면서도 갑자기 유행을 따르고 싶을 때 이 구두를 이용할 수 있다.

멋진 몇 켤레의 구두는 오래된 옷들의 가치를 살려줄 뿐 아니라 당신의 겉모습이나 자신에 대한 인식을 새롭게 해준다. 단화나 아주 낮은 굽의 펌프스만 신는 여성에게 하이힐 펌프스를 신기고 얇고 비치는 스타킹을 신게 해보라. 그녀는 갑자기 자신이 섹시하다고 느낄 것이며 아마도 당장 자신의 치마 길이를 모두 짧게 줄일 것이다. 제대로 된 신발은 당신의 모습을 바꿔 준다. 하이힐이 다리가 길어 보이도록 하는 것처럼 남성화처럼 만든 옥스퍼드화(끈으로 묶는 가죽구두 - 옮긴이)는 당신의 팬츠 슈트에 새로운 위엄(거기에 편리함까지)을 느끼게 한다.

스타킹의 선택

내가 고객들의 옷장 구성하는 일을 도와주고 나면 고객들은 예외없이 묻는다. "베티, 제가 뭘 신어야 하죠?" 그리고 그 다음은 자동으로 "어떤 스타킹을 신어야 하죠?"라는 질문이 나온다. 스타킹을 뭘 신을까 고민하는 것은 핀이나 팔찌 등의 액세서리를 할 때 갖는 두려움과 비슷한 감정이다. 신발과 스타킹은 좋은 액세서리가 될 수 있다. 그러니 두려운 감정 때문에 블랙, 브라운, 회갈색만 신는 습관에서 먼저 벗어나야 한다. 그렇긴 해도 불투명한 블랙 스타킹은 최근 패션 역사에서 여성의 다리에 최고의 아이템인 것이 사실이다. 그것은 두꺼운 다리를 얇아 보이게 하고 수년간 다리에 생긴 작은 상처나 얼룩 등을 싹 감춰준다.

그러나 이런 기본적인 스타일만 고집한다면 다양한 팬티스타킹의 장점을 다 활용하지 못하는 것이다. 나는 팬티스타킹이 정말 훌륭한 액세서리라고 생각한다. 그러나 매일 쓰는 필수품이기도 해서 어쩌면 과소평가되기도 하는 아이템이다. 그러니 다음번에 쇼핑할 때는 백화점에서 매번 신는 지겨운 베이지나 블랙 컬러만 사지 말고 다른 것이 없는지 잘 살펴보도록 하자. 샘플들을 보고 촉감, 무게, 컬러 등을 체크해 보

자. 이렇게 5분만 투자하면 어떤 컬러와 패턴이 유행인지 배울 수 있다. 그리고 기왕 보는 김에 몇 켤레(평소 사지 않던 스타일로) 사 가지고 새로운 실험을 해보는 것도 좋다.

당신의 룩을 즉각 업데이트시켜 주는 힘을 가진, 패션의 중요한 일부가 비싼 값을 주지 않고도 얻어질 수 있는 순간인 것이다. 한편 봄, 여름이 되면 땀이 나 팬티스타킹이 살에 붙어 자꾸 잡아당기게 되는데(당신 사무실에서 그게 받아들여진다면), 그럴 바에야 아예 맨살로 다녀라. 그러나 당신이 일 년 내내 다리에 얇은 무엇이라도 덮어줘야 한다고 느끼는 타입이라면 비칠 듯 말 듯한 얇은 스타킹을 사보자. 마치 얼굴에 파운데이션을 바르는 것과 비슷한 것이다. 화장을 안 한 것처럼 보여도 당신 얼굴에 (그리고 다리에) 있는 결점들은 감추어지듯이 얇은 스타킹들은 정장이나 드레스를 입는 사무실에서 잘 어울린다.

그러나 가을이 오고 겨울이 시작되면 팬티스타킹은 두껍고 타이트해지기 시작하면서 자신의 때를 만난다. 풍부한 가을 톤과 정교한 패턴, 럭셔리한 촉감으로 디자인된 팬티스타킹들은 무겁고 울이 많이 들어간 겨울 외투 등을 완벽하게 받쳐준다. 블랙은 물론 버건디, 네이비, 브라운, 녹색은 추운 날들에 신는 주요 컬러들이다. 옷이 어떤 컬러이든 잘 매치될 뿐 아니라 바람이 거센 추운 날에 짧은 치마를 입고 싶을 때 당신 몸을 따뜻하게 유지시켜 준다.

나는 종종 팬티스타킹 컬러와 상의 컬러를 맞춘다. 예를 들어 짙은 녹색 카디건 세트와 블랙 치마를 입을 때 짙은 녹색 팬티스타킹을 신는다. 그렇게 하면 전체 옷을 세트로 입은 느낌을 줄 수 있다.

그런데 많은 여성들이 얇은 스타킹을 신을 것이 아니라면 신발과 팬티스타킹이 완벽하게 매치되어야 한다고 생각하고 있는 것 같다. 물론 그렇게 했을 때 정말 보기 좋은 경우가 있다.

예를 들어 브라운 스타킹에 브라운 슈즈 같은 경우. 그렇게 하고 짧은 치마를 입으면 다리도 길어 보이고 세련된 느낌을 줄 것이다. 그러나 회색 플란넬 정장에 초콜릿 브라운 상의를 안에 받쳐 입고 브라운 스웨이드 펌프스를 신었다고 해보자. 여기에다 다크 브라운 스타킹을 신는다면 너무 무거워 보이고 전체적인 옷의 느낌은 생기 없어 보일 것이다. 이럴 때는 블랙에 가까운 회갈색 스타킹을 신어보자. 그러면 다리에 약간의 컬러가 더해지면서 의상과 조화롭게 보일 것이다.

만약 팬티스타킹으로 조금 더 모험을 해보길 원한다면 완전히 새로운 컬러와 패턴을 선택해보자. 체크무늬

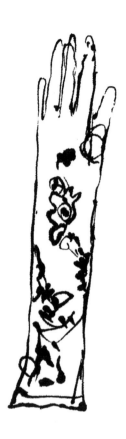

치마에 골이 있는 스타킹을 신든가, 너비 트위드(nubby tweed: 원단 표면에 실의 마디 등을 짜낸 트위드의 통칭 – 옮긴이) 정장에 헤링본(생선뼈처럼 생긴 사선무늬 – 옮긴이) 타이츠를 신는 것도 좋다. 커다란 케이블 니트(cable knit: 새끼줄 모양의 니트 – 옮긴이)로 된 얇은 스타킹은 다리도 얇아 보일 뿐 아니라 울 스웨터 드레스나 낙타 털 점퍼를 입어도 보기 좋다. 망사 스타킹도 다시 유행이다. 단, 망사 스타킹을 신을 때는 그 아래에 스타킹을 하나 더 신어야 한다. 얇은 것이든, 불투명한 것이든 컬러가 있건 뭐든 좋다. 그러지 않으면 망사 구멍에 하루 종일 발가락이 끼어 불편할 것이다.

3

메이크업과
헤어스타일에도
투자하라

메이크업의 효과

바로 본론으로 들어가자면 최고의 액세서리는 당신이 갖고 태어난 부분들이다. 즉, 당신의 얼굴이나 머릿결 등을 말한다. 물론 당신이 타고난 것을 약간씩 꾸며주면 더욱 아름다워 보인다. 좋은 미용실에 돈을 투자한다든가, 피부 미용실을 이용한다든가, 멋진 화장을 하는 것 등이다. 화장품은 여성들을 기분 좋게 만든다. 나의 고객들도 대부분 자신이 산 옷이 마음에 들면 곧바로 화장품 코너로 달려가 다른 컬러의 립스틱을 발라보거나 새로운 매니큐어를 칠해본다. 나는 화장품 코너가 텅 비어 있는 것을 거의 본 적이 없다. 테스터를 사용해보고 무료 메이크업을 해보려고 여성들이 모여드니 말이다. 결국, 화장은 훌륭한 액세서리고(패션처럼, 유행하는 컬러는 매 시즌마다 바뀐다), 새로운 립스틱을 하나 사는 것은 아마도 가장 단순하고 돈

이 덜 들면서도 유행에 뒤떨어지지 않고 자신을 스타일리시하게 느낄 수 있는 방법일 것이다.

화장은 점점 더 개인화되어 가는 것 같다. 내가 아는 대부분의 여성들이 안 한 듯한 화장을 하느라 몇 시간을 들이고 화려한 색조화장을 꺼려한다. 그러나 나는 화장법에서 컬러가 다시 돌아올 것이라고 생각한다. 누가 봐도 '나 화장 안 했다'라는 느낌을 주는 절제된 화장법은 이제 그 수명이 얼마 남지 않았다고 생각한다. 주위의 젊은이들을 보면 파랑, 골드, 자줏빛 등, 놀랄 만큼 대담한 진한 컬러의 매니큐어를 칠하고 다닌다. 만약 그것들이 발톱부터 시작해 손톱으로 올라왔다면 그 다음 목적지는 얼굴이 아니고 어디겠는가?

나는 저가 화장품도 좋아한다. 나는 맥스팩터 Max Factor 화장품을 사용하면서 자랐고 그 화장품은 훌륭하다. 사실 모든 화장품 업체가 비슷한 컬러를 내놓는다. 특히 요새는 고가 화장품이 내놓는 색을 하루아침이면 여기저기서 다 구할 수 있다. 거의 패션과 다를 바 없다. 정말 멋진 일이라 생각한다. 모두가 원하

BRUSH

는 만큼 패셔너블해질 수 있고 어디서 화장품을 구매하느
냐는 중요치 않다.

당신이 얼굴에 신경 쓰는 것 못지않게 몸의 나머지 부
분도 잊어서는 안 된다. 피부미용, 마사지, 매니큐어, 페디
큐어 등은 당신이 스스로에게 줄 수 있는 최상의 서비스
다. 열심히 일했는데 가끔 한 번씩 사치 좀 부려서 안 될
것이 무엇인가. 만약 전문 피부 미용실(몇 달에 한 번씩 딥
클렌징 피부 마사지를 해 줄 것을 강력 추천한다. 피부 톤이 정말
살아난다)에 돈을 쓰고 싶지 않으면 집에서라도 일주일에
한 번씩 몇 분 간 시간을 내어 마사지를 하라. 그것은 어
느 화장품 가게에서나 다 구입할 수 있는 기구(손톱 다듬는
줄, 스틱, 부석, 매니큐어 베이스와 탑코트, 그리고 광택제)를 이
용하여 매니큐어나 페디큐어를 하는 것만큼 쉽다. 당신이
좋아하는 시트콤을 앉아서 보는 시간에도 얼마든지 할 수
있다.

헤어스타일 관리는 필수

그러나 화장품과 매니큐어가 선택적 방법이라면 헤어
스타일 관리는 필수다. 내 새로운 고객 중 한 명은 옷도 잘
입고 여러 액세서리도 훌륭했는데 머리 스타일이 영 아니
었다. 고객에게 정말 멋진 옷을 입혀줄 수 있지만 만약 머

리가 엉망이거나 구식이고 심하게 손상되었다면 그녀의 외모는 크게 매력이 떨어질 것이다. 그러니 일 년에 적어도 한 번 정도 머리 스타일에 변화를 주는 것은 외모에 크게 도움이 된다. 특히 당신이 지금 인생에서 큰 전환기를 지나고 있다면(직장 생활을 시작하거나, 승진을 했거나, 결혼을 하거나) 또 당신이 옷장을 새롭게 갖추려고 한다면, 쇼핑을 하러 가기 전에 머리부터 하는 게 좋다.

머리를 하고 나서 옷가게에 가면 당신은 이렇게 외치는 것이나 다름없다. '내 목 윗부분은 완전 새롭다. 이제 남은 부분을 위한 무언가가 필요하다.'

당신이 모험하는 것을 두려워하지 않고 이미지를 확 바꾸고 싶다면 시작은 머리 스타일부터 해야 한다. 머리를 자르면 당신의 전체적인 룩이 완전히 바뀐다. 미용실에 걸어 들어갔다 나온 사람은 과거의 당신이 아닌 완전히 다른 사람인 것이다.

새로운 헤어스타일은 당신이 다르게 옷을 입고 다른 말들을 하며 또

I've just had my haircut:

How Dress Me!

새로운 화장법을 시도하도록 허락한다. 한마디로 완전한
자유의 느낌을 주는 것이다. 실제로 나는 갑자기 옷 입는
스타일을 바꾸려 하면서 헤어스타일을 바꾸고 새로운 것
들을 쇼핑하려는 여성들을 많이 봤다. 그동안 바지를 잘
안 입는 스타일이었다면 이제 바지를 입어보려는 것일 수
있다. 아니면 좀 더 섹시한 것을 시도해보려 한다거나 전
에 절대 입지 않았던 대담한 컬러에 도전해 보겠다는 것
이다. 나는 종종 새로운 헤어스타일이 하나의 주얼리와
같다고 말한다. 둘 다 당신의 룩을 바꿔주고 또 오래된 옷
들에 활기를 불어 넣어주기 때문이다.

만약 당신이 머리를 잘못 잘랐다 해도 몇 달이면 다시
길어진다. 물론 그렇긴 해도 머리를 잘 자르기 위해 투자
하는 것은 가치가 있다. 머리를 잘 자르는 곳을 찾아야 한
다. 꼭 동네의 가까운 곳일 필요는 없다. 당신은 마치 공
장처럼 손님마다 15분 정도씩 할애해 똑같은 머리스타일
을 만들어 내는 미용실은 피하고 싶을 것이다. 그런 미용
실은 개인적 취향이나 얼굴형, 머릿결은 생각지도 않는
다. 그러므로 머리 자르는 것은 당신이 지갑을 좀 더 열어
야 하는 부분이다. 그러나 한두 달에 한 번씩 머리를 다듬
기 위해 비싼 미용실에 계속 찾아갈 필요는 없다. 만약 당
신이 그런 비싼 곳에서 머리를 했는데 마음에 들었다면

그것을 동네 미용실에 가서 헤어 디자이너에게 보여주라. 자른 직후에 보여줘야지 나중에 설명해봤자 소용없다. 그렇게 하고 나면 머리를 다듬어야 할 때마다 그 헤어 디자이너에게 믿고 맡길 수 있다.

한편 영화배우나 린다 에반젤리스타Linda Evangelista 같은 슈퍼 모델을 따라 점점 더 많은 여성들이 립스틱이나 매니큐어 색을 바꾸던 것처럼 헤어 컬러를 액세서리처럼 바꿔주고 있다. 실제로 정말 그렇게 자주 바꾸는 여성들이 있다. 나는 솔직히 염색약이 머리카락에 좋은 건 아니라 믿기 때문에 그렇게 자주 바꾸는 것에는 찬성하지 않지만 기분에 따라 혹은 현재 유행하는 패션에 따라 정기적으로 바꾸는 것은 나쁘지 않다고 생각한다. 다만 옷을 살 때는 거들떠보지도 않는 그런 컬러로 염색하지는 말라. 내 고객 중 한 명은 언제나 네이비나 블랙 같은 단조로운 컬러의 옷을 입는다. 왜냐하면 자신의 머리색과 안 맞을까 봐 신경을 쓰기 때문이다. 그녀는 목 위로는 카멜레온인데(내가 본 머리색만도 금발에서 밤색, 레드, 브라운까지 다양했다) 아래로는 옷 스타일이 언제나 정해져 있다.

머리 스타일에 관해서라면 사람들은 좀 보수적이기도 하지만 그렇다고 어떤 한 헤어 디자이너나 하나의 머리 스타일에만 매달리는 사람 또한 많지는 않다. 즉, 반은 재미로 실험하는 것이다.

그냥 새로운 것을 시도해 보라. 나는 길을 가다가 머리 스타일이 정말 멋스러우면 멈추어 뒤돌아본다. 그리고 종종 가서 칭찬을 해주거나 누구한테 머리를 했는지 묻기도 한다. 그녀가 어떻게 옷을 입었건 진정으로 아름다운 헤어스타일은 내게는 큰 의미이기 때문이다. 머리카락은 우리에게 더없는 축복이어야 하지 않을까? 만약 그렇게 느낀다면 이제 그에 맞게 대우해주자.

Chapter 4

블랙, 그리고
컬러 코디네이션

BLACK IS BEAUTIFUL

1

블랙이 사랑받는 진짜 이유

블랙이 항상 좋은 이유 10가지

1. 항상 유행이다. (그러니 당신 이 패션제품에 돈을 좀 쓰고 싶다면 블랙에 투자하라.)

2. 블랙은 어울리지 않는 옷이 없다!

3. 일주일 내내 같은 원피스, 정 장, 치마, 혹은 스웨터를 입어 도 그것이 블랙이라면 아무 도 모른다.

4. 블랙 의상은 오랜 기간 입을 수 있다. 단 드라이클리닝만 몇 번 해주면.

5. 포도주를 흘렸을 때조차도 옷을 망치지 않는다.

6. 입으면 당신은 정말 더 날씬 해 보인다.

패션계에 종사하는 사람들, 즉 디자이너, 패션 잡지 편집 장, 백화점 바이어 등, 이들은 모두 최근 패션이 점점 지루해진다고 불평한다. 모두가 언제나 블랙만을 입기 때문 이다. 그러고는 시즌이 지날 때마다 잡지들은 '컬러가 다시 돌아왔다'고 알리기 위해 안간힘을 쓴다. 글쎄, 당신이 패션쇼에 가본 적이 있다 면(기회가 없으면 다음에 TV에서 패션 쇼를 할 때 그 관중들을 한 번 살펴보 라) 아마도 패션계의 '잘 지 켜지지 않는' 하나의 규칙을 발견했을지도 모른다. 즉, 관 중들이 완전히 블랙 차림이다. 여기

voila!

you always
match.

서 '완전히'란 머리끝부터 발끝까지 패션이 다 블랙이란 뜻이다.

소위 트렌드 세터, 패션의 지배자라고 불리는 사람들이 베이직한 블랙을 박차고 나오지 못한다. 사랑스러운 컬러의 옷들을 입은 모델들이 뽐내며 그들 앞에서 퍼레이드를 해도, 잡지 관련자조차도 잡지에서 이번 시즌에는 유행하는 컬러는 무엇이든 다 모던하다고 침이 마르도록 칭찬을 했을지언정, 그리고 디자이너들에게 화려한 컬러의 옷을 입은 모델들이 정말 아름다워 보인다고 말하면서도 자신들은 결국 블랙을 입는 것이다. 그런데 이 패셔너블한 블랙 사랑에는 다 이유가 있다. 이유가 10가지도 넘을 것이다. 만약 내가 솔직히 블랙이 아름답지 않다고 말한다면 그것은 새빨간 거짓말이다. 블랙은 유행을 타지 않고, 실용적이며, 섹시하고, 날씬해 보인다. 그리고 무엇

7. 비싸지 않은 옷이라도 블랙이라면 왠지 비싸 보인다.

8. 일 년 내내 입을 수 있다. 어떤 날씨든, 어떤 이벤트든.

9. 모든 단점을 감춰주는 기적의 불투명 블랙 스타킹과 함께 매치할 수 있다.

10. 블랙 옷을 입고 있으면 당신은 어느 장소에나 어울린다.

베이직한 블랙으로
멋 부리는 법

1. 블랙 옷에 동물 문양 프린트 스카프를 두르거나 벨트를 맨다.

2. 블랙 옷에 두툼한 골드나 실버 체인 목걸이를 한다.

3. 블랙 옷에 다른 컬러나 질감의 스타킹을 신는다.

4. 블랙 옷에 핑크 슈즈를 신어본다. (핑크 슈즈는 사놓긴 했는데 언제나 신을 기회가 없었을 것이다)

5. 세일할 때 산 빨강 에나멜 가죽가방도 블랙 옷을 입었을 때 들자.

6. 블랙 정장 안에는 당신이 좋아하는 컬러의 셔츠 아무거나 입어도 좋다.

7. 목이 많이 파인 블랙 옷에 진주나 컬러비드 초커(chocker: 목에 꼭 맞는 짧은 목걸이—옮긴이)를 매치한다.

8. 다른 질감이나 컬러와 믹스시켜 입는다. (주중에는 실크 셔츠와, 주말에는 올이 굵은 울 스웨터와 함께 입는다)

9. 블랙과 다른 어두운 색조를

보다 '심플'하다.

나는 파스텔톤 컬러들을 좋아하고 계절이 바뀌면서 여러 컬러들의 옷을 바꿔 입는 것을 좋아한다. 나의 컬러 센스는 어머니에게 배운 것이고 아름다운 색들이 들어간 옷을 자주 입는다. 지금도 백화점 스웨터 코너에 가면 홀린 듯 내가 좋아하는 컬러들에 손이 간다. 그러나 나는 일하는 여성이다. 그리고 다른 일하는 여성들처럼 나 또한 아침에 일어나면 서둘러 옷을 입어야 한다. 이때 가장 손이 가기 쉬운 것은 블랙이다. 물론 블랙에 중독된 미니멀리스트들처럼 아무 장식도 없고 어두운, 블랙에 블랙을 매치하는 식으로 옷을 입지는 않는다. 내게 블랙이 편한 이유는 내가 그 위에 걸치는 것들, 즉 나의 은색 곤충 라펠핀, 목에 꽉 차는 비드 목걸이, 쨍그랑거리는 나의 뱅글과 밝은 컬러의 스웨터들까지, 블랙이 그것들의 튀지 않는 배경이 되어주기 때문이다.

그러나 대부분의 여성들이 아침에 자기도 모르게 블랙 옷을 덥석 잡아 쥐는 것은 블랙이 많은 생각을 할 필요가 없기 때문이란 것을 안다. 블랙은 옷장을 심플하게 할뿐 아니라 쇼핑도 심플하게 한다. 그리고 드라이 맡기러 가는 일도 줄여준다(블랙은 많은 비밀을 감춰준다. 더러운 먼지까지도). 당신이 정말 블랙을 좋아한다면 블랙으로 여러 가지 스타일을 살 필요도 없다. 왜냐하면 같은 블랙 옷을 아무리 반복해 입어도 당신이 같은 옷을 계속 입는다고 느끼는 사람은 별로 없을 테니까. 추가적으로 블랙은 당신의 비용도 아껴준다. 블랙 옷들에 블랙 가방 하나, 블랙 구두 한두 켤레면 충분하니까 말이다.

수없이 많은 블랙 옷들을 입을 때 가장 힘든 부분은 아침에 다 비슷해 보이는 옷장 속 블랙의 바다에서 뭘 골라내느냐 하는 문제일 것이다. 그런데 나는 블랙을 폄하하는 사람들이 항상 하는 말인 '다 똑같아 보인다'라는 말에 신경 쓰지 않는다.

당신은 블랙 컬러의 옷들을 스타일이나 핏으로 구분하는 습관을 들여야 한다. 만약 당신이 스스로 "오늘 또 다른 블랙 옷은 안 입을 거야," "오늘은 니트 정장을 입어야지," "섹시한 스타일의 딱 붙는 드레스를 입을 거야." 이런 식으로 생각할 수 있게 훈련한다면 저마다 다른 블랙 스타일들을 잘 구분해 낼 것이다. 내 친구 하나는 매일 블랙 컬러의 옷을 입는데 옷만 그런 게 아니라 머리 컬러부터 선글라스, 옷, 구두까지 다 블랙이다. 사람들은 장례식 패션이라고 놀려대지만 의심할 바 없이 그녀는 '시크'해 보인다. 그것도 뉴욕 스타일의 '시크'함이다.

그러나 당신이 블랙이라는 안도감을 주는 패션 뒤에

같이 매치해본다. 즉 네이비 슈즈나 브라운 벨트 같은 것 말이다.

10. 보통 위아래 전부 블랙인 정장을 입을 때 같이 잘 입지 않는 컬러의 셔츠를 시도해 보자. 예를 들면 너무 노란색이 많지 않은 그린 같은 컬러가 화이트나 레드 같은 평소 블랙에 맞춰 입는 컬러들보다 신선한 느낌을 준다.

블랙 사랑을
조금 멈춰야 할 때

- 옛말에 '좋은 것도 지나치면 부족함만 못하다'는 말이 있다. 이 금언은 옷장에도 똑같이 적용된다.

- 당신이 그저 얼굴만 아는 정도의 사람이 다가와 최근 상을 당하셨냐며 위로할 때

- 당신이 블랙이 아닌 진회색 옷을 입고 나타나자 친구가 생기 있어 보인다고 칭찬해 줄 때

- 비슷한 블랙 옷이 너무 많아서 분간할 수 없을 때

- 옷장이 블랙으로 가득 차 뭘 찾으려면 옷장 안에 형광등이라도 달아야 할 때

- 자동으로 블랙에 손이 가고 그 블랙들이 다 같아 보여 쇼핑이 지루해질 때

아무리 많은 것들을 숨길 수 있다 해도 가끔씩은 그 단조로움에서 벗어나야 한다. 블랙을 입을 때는 그것을 하나의 액자로 생각해 보자. 액자 안의 그림은 약간 흥미로운 터치를 필요로 한다. 블랙은 보수적인 컬러고, 때로는 지루하기까지 하다. 그래서 장식이 필요하다. 머리를 시작으로 멋진 귀걸이, 구두, 가방을 들어야 한다(절묘한 컬러 혹은 대담한 컬러로 블랙에 터치를 주어보자).

내가 패션 테라피스트로서 좀 더 분석해 보자면 블랙을 입는 모든 완벽하고, 좋고, 건전하고, 논리적이고 분별 있는 이유들 밑에 아무도 인정하고 싶어 하지 않는 더 '새까만(더 어두운, 블랙이야기다 보니 말장난을 좀 이해해주시길)' 이유가 있다. 바로 '자신 없음'이다.

가장 자신감 있고 패셔너블해 보이는 여성들조차 블랙에는 안도감을 느낀다. 그들은 블랙을 입었을 때 예뻐 보일 것을 알지만 눈에 띄지 않을 것 또한 안다. 파티에 딱 붙는 블랙 스타킹을 신고 가는 것보다는 딱 붙는 빨강 스타킹을 신고 가는 것이 훨씬 두렵고 용기를 필요로 하는 일일 것이다. 정장도 마찬가지다. 어둡고 단조로운 색 정장들이 가득한 중역 회의나 이사회에서 누가 튀는 컬러를 입고 싶어 하겠는가.

나에게 와서 "베티, 저 이제 정말 블랙 옷은 그만 살래

요," 하고 말하는 고객들이 있다. 그러나 그들은 그냥 말만 그렇게 하는 것이다. 그들은 블랙을 입으면 안도감을 느끼고 다른 것을 시도하는 것을 너무 두려워한다. 그런 여성들에게는 좀 더 밝고 강렬한 컬러를 입는다는 것이 하나의 문화 충격인 것이다.

따라서 너무 컬러풀하거나 혹은 너무 눈에 띄기 때문에 다른 색은 싫다는 생각을 빼고 블랙의 벽을 허물 수 있을까? 해결책은 극단에서 극단으로 가지 않고 천천히 그 벽을 허무는 것이다. 머리끝부터 발끝까지 블랙이던 당신에게 익숙하던 사람들이 어느 날 갑자기 머리끝부터 발끝까지 자홍색으로 도배한 당신을 본다면 어떤 느낌이 들까? 모든 중독이 그렇듯 갑자기 끊는 것은 가장 힘든 방법이다.

그러니 블랙을 조금씩 빼고 컬러를 서서히 집어넣으라. 여기저기 하나씩 들어간 컬러는 활기를 준다.

그러나 당신이 그토록 사랑하는 블랙을 떠나야 한다는 생각은 하지 마라. 세상에서 가장 패셔너블하고 옷 잘 입는 사람들은 절대 그런 생각을 해본 적이 없을 것이고 앞으로도 그러지 않을 테니까.

2

블랙을 멋지게
연출하는 법

**믹스 앤드 매치에서 해야
할 것과 하지 말아야 할 것**

- 진 바지 위에 커다란 재킷은
입지 말 것. 그냥 박스처럼
보인다. 꼭 같이 입어야 한다
면 그 둘이 매치가 되는지 꼭
체크하자.

- 몸에 딱 맞는 재킷과 스트레
이트 치마는 실패할 염려가
거의 없는 조합이다.

- 웅가로(Ungaro)나 제프리 빈
(Geoffrey Beene)처럼 대담한
패턴 위에 또 대담한 패턴을
섞는 것은 위험하다. 아마 사
람들은 유명 브랜드 옷을 입
었다고 생각하기 이전에 당신
이 색맹이 아닌가 할 것이다.

- 예술 잡지 사진 등에 현혹되
지 마라. 서로 맞지 않는 컬러
들을 함께 입는 것(레드 재킷

나는 많은 여성들이 자신의 옷장에 이 스타일 저 스타일
의 옷들이 섞여 있는 것을 몹시 싫어하는 것을 보고 놀란
다. 그들의 옷장에는(당신 옷장도 그럴지 모르지만) 미리 매
치해 놓은 옷들이 마치 작은 군인들이 줄을 맞춰 선 것처
럼 정렬되어 있다. 그 옷들은 동물 코드가 있는 태그를 달
고 나오는 유아용 옷인 가애니멀Garanimal 브랜드처럼 짝
이 맞춰져 있다. 이 옷들은 사자 태그tag가 붙은 옷은 또
다른 사자 태그가 붙은 옷과 매치되어야 한다. 이 옷들은
다섯 살 정도의 아이들을 위해 만드는 옷들인데 다 자란
성인들이 왜 아이들처럼 옷을 이것저것 섞는 것을 두려워
하는지 모르겠다. 물론 잘못 섞으면 멋스럽지 않을 수 있
지만 제대로 섞었을 때는 당신이 가진 옷들로 더 많은 스
타일을 연출할 수 있는 가장 쉽고 효과적인 방법이다. 옷
들을 섞어 입으면 올 블랙 중독에서도 빠져나올 수 있을

뿐 아니라 당신을 늘 어둡게만 보던 사람들도 놀라게 만들 수 있다.

몇 가지 다른 차원에서 블랙은 진정 가치가 있다. 먼저 블랙은 당신의 몸매뿐 아니라 옷 자체의 재봉 문제까지 모든 허점을 다 감춘다. 컬러가 있는 옷에서는 잘못 만들어진 부분이나 재단이 더욱 두드러지게 보인다. 스티치도 눈에 띄고, 포켓 위치, 이음매 등이 훤히 보인다. 그러나 블랙에서는 그것들이 잘 드러나지 않는다. 시험해 보기 위해 가게로 달려가 블랙 스커트 다섯 장 정도를 집어 들고 비교해보라(할인 매장 옷부터 디자이너 브랜드까지 가격대가 다양하게). 당신이 그것들의 차이를 말할 수 있는지 묻고 싶다. 한편 이번에는 파스텔 핑크 컬러의 스커트들로 실험해보라. 아마 당신은 어떤 스타일이 싼 것이고 비싼 것인지 구분해 낼 수 있으리라.

에 핑크 스웨터 그리고 오렌지색 바지를 입는 것처럼)은 결코 '시크'해 보이지 않는다.

- 클래식한 남성복 스타일의 바지는 대부분의 재킷이나, 카디건 세트, 그리고 심플한 티셔츠에도 안전하게 믹스할 수 있다.

- 넉넉한 스커트에 단정치 못한, 풍덩한 재킷을 입으면 아무리 말랐어도 임신 8개월처럼 보인다.

- 드레시한 옷과 캐주얼한 옷은 믹스하기 어렵다. 부드러운 울 카디건은 태피터(taffeta: 드레시한 견직물—옮긴이) 이브닝 스커트에 입으면 훌륭해 보일 것이다. 그러나 울 개버딘 스커트에 태피터 재킷을 입는 것은 어울리지 않는다.

블랙과 결별할 준비가 되었다면

당신이 전형적인 블랙 마니아라면 의심할 것도 없이 베이직한 블랙 의상들을 다 가지고 있으리라. 블랙 정장(재킷과 스커트), 바지, 카디건 세트 등. 그렇다면 이제는 블랙을 하나둘씩 쌓아가던 것과는 다른 일을 할 시간이다. 그렇다! 바로 블랙의 단조로움을 깰 시간이다. 이제 시작하는 당신에게 여기 몇 가지의 팁이 있다.

● 블랙 스웨터 세트를 당신 옷장에 있던 카키 바지와 입어 보라.

● 비칠 정도로 얇은 블라우스나 섹시한 실크 셔츠를 사서 블랙 재킷과 바지에 입어보라. 저녁이라면 힐도 신을 것.

● 스웨터 세트 한 벌을 더 산다. 단 이번에는 올 시즌 가장 핫한 컬러로. 그런 다음 기존에 있던 블랙 스웨터 세트와 섞어 입는다.

● 당신이 가지고 있는 모든 다른 컬러의 치마와 블랙 재킷을 입어보고 새로운 스타일을 창조하라(재킷 컬러가 '블랙'이다. 블랙은 여간해선 어

또 다른 블랙의 가치는 그것을 기존에 있던 다양한 블랙 아이템들과 믹스할 수 있다는 것이다. 나는 여러모로 잘 활용할 수 있는 비싼 옷을 소유하는 것이 점점 더 중요해진다고 생각한다. 즉, 당신 옷이 값어치가 있기 위해서는 자주 입을 수 있어야 한다. 며칠 전 저녁 데이트에 나갈 때 입을 옷을 찾기 위해 한 여성이 나를 찾아왔다. 그녀는 민소매의 블랙 시프트 드레스에 딱 맞는 블랙 재킷을 입기로 했다. 그러나 그 옷을 저녁 약속이나 파티에서만 입을 수 있는 것은 아니다. 드레스만 입고 스카프나 목걸이로 멋을 내면 다른 멋진 모임들에서도 입을 수 있다.

나는 그녀에게 집에 가서 스커트를 좀 찾아보라고 했다. 흰 셔츠에 그 블랙 재킷을 입고 좀 더 캐주얼한 스트레이트 또는 주름 잡힌 치마를 매치해 입으면 직장 갈 때 입을 차림이 하나 완성된다. 아니면 다시 그 드레스에 다른 재킷이나 카디건을 걸쳐도 새로운 옷차림이 탄생할 수 있다. 그런 식으로 당신은 당신 옷들의 진정한 가치를 찾는 것이다. 한 벌을 샀는데 집에 있는 것 등과 매치해서 대여섯 벌의 스타일을 연출했다면 당신은 현명한 투자를 한 것이다. 그리고 블랙을 완전히 버리지 않으면서도 블랙 일색을 깨뜨리는 비밀을 발견한 것이다.

우리 옷장에는 중립이 필요하다. 매일 일곱 색깔 무지

개로 옷을 입는 것을 좋아하는 사람조차도 그런 컬러풀한 옷차림을 위한 일종의 베이스를 갖고 있어야 한다. 만약 당신이 항상 컬러풀한 옷차림만 한다면 확실히 좀 어리석어 보이지 않을까. 핑크 재킷에 노란색 상의, 네이비 스커트와 황갈색 신발을 신었다고 상상을 해보라. 그러나 만약 그 핑크 재킷에 약간 중립성을 부여해주면 옷차림이 완전히 살 것이다. 그리고 바로 이런 부분에서 블랙이 진가를 발휘한다. 확실히 기분에 따라 컬러가 강한 신발들을 살 수 있다. 그러나 만약 옷에 맞추어 신기 위해 컬러별로 사야 한다면 금방 빈털터리가 될 것이다(신발장에도 더 넣을 자리가 없을 것이고). 그러나 블랙 신발이나 블랙 가방에 어울리지 않는 색의 옷은 거의 없다. 반대로 대담한 컬러의 구두는 당신의 블랙 옷들에 또 완벽하게 잘 어울릴 것이다.

만약 당신이 블랙을 하나의 컬러가 아닌 다른 옷들을 위한 '베이스'로 정의한다면 당신은 갖고 있는 것만으로 훨씬 많은 스타일을 연출할 수 있다. 당신이 맨날 똑같은 블랙 정장만 입지 않고 잘 갈아입는다는 것을 보이기 위해 여러 컬러의 옷들을 구비할 필요는 없다. 항상 세트처럼 입던 옷들을 갈라놓는 것을 두려워 마라. 물론 옷을 사는 것은 좋은 일이다. 그러나 그 옷을 한 방식으로만 입는

울리지 않는 컬러가 없다).

- 다른 재킷이 있다면 역시 블랙 스커트나 바지와 입어 새로운 정장 조합을 만들 수 있다.

- 블랙 바지를 밝은 컬러의 티셔츠와 로퍼 혹은 스니커즈와 코디하여 주말 룩을 완성하라.

- 블랙 바지를 브라운 스웨이드 재킷에 입어보라. 혹은 풍부한 컬러의 벨벳 진 바지 위에 블랙 스웨터를 입으면 새로운 느낌을 얻을 수 있다.

- 액세서리를 잊지 마라. 블랙 바지에 빨강 구두 혹은 레오파드 프린트 벨트 등을 함께 해보라. 또한 블랙 재킷 안에 풍부한 컬러와 패턴을 지닌 스카프를 집어넣어 코디해보라.

- 당신이 믹스 앤드 매치하는 아이템들이 솔리드 컬러일 필요는 없다. 당신의 블랙 재킷이나 스웨터를 체크무늬, 가는 세로줄 무늬, 또는 프린트 패턴이 있는 바지와 함께 입어보라. 그리고 반대로 블랙 바지나 치마에 스트라이프 셔츠, 패턴이 있는 스웨터나 프린트가 있는 블라우스 등을 매치해보라.

것은 바람직하지 않다. 옷을 분리한다는 것은 쉽지 않다. 그러나 그것이 당신 옷장에 활기를 불어넣는 유일한 길이다. 똑같은, 이미 연출된 옷만 입는다면 당신은 곧 입을 옷이 없다고, 옷을 또 사야 한다고 징징거릴 것이다. 그러니 옷들을 갈라놓고 섞고 서로 바꿔 보자. 그러면 당신은 어느 순간 옷을 사러 가지 않아도 된다는 것을 알게 된다. 당신은 이미 새로운 옷 몇 벌을 가지고 있는 것과 다름없으니 말이다.

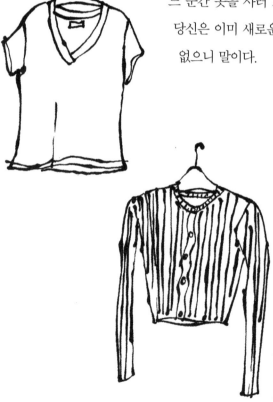

컬러를 즐기자

COLOR YOUR
WORLD

나는 컬러란 그것을 어떻게 인식하느냐가 중요하다고 생각한다. 다시 말해 당신이 컬러를 칙칙하고 단조로운 옷장 구성에 대한 침범이라고 생각한다면 컬러 옷들은 불쾌할 정도로 눈에 띌 것이다. 옷장 문을 열 때마다 당신은 블랙 옷들과 떨어져 걸려 있는 그 밝은 핑크(혹은 빨강이나 노랑, 뭐든지) 재킷에게 조롱받는 느낌이 들 것이다. 나는 당신과 블랙의 인연을 끊게 하고 싶은 생각은 추호도 없다. 다만 옷장을 조금 밝게 하기 위해, 컬러를 하나의 액세서리로 볼 필요가 있다고 말하려는 것이다.

여성들은 컬러를 두려워한다. 특히 블랙이라는 안도감을 주는 장치 뒤에 수년 동안 숨어 다녔다면 더 그렇다. 그래서 컬러가 있는 옷을 어떻게 입어야 할지 모를 정도가 되었다. 무엇이 잘 어울리는지 아무도 모르는 것 같다. 한 고객에게 서로 다른 색조계열의 옷 몇 장을 갖다 주었다.

그러자 고객은 당연히 이렇게 물었다. "그런데 이것들이 서로 어울리나요?" 바로 그런 때가 우리 어머니가 항상 내게 하던 말을 들려줄 때다. 어머니는 컬러풀하게 옷 입는 것을 한 번도 두려워해 본 적이 없다. "하늘은 파랗고, 풀은 초록이요, 모든 꽃들은 저마다 다른 색을 띠고 있다."라고 말하곤 했다. 그 말의 포인트는 그 모든 다른 색들이 함께 존재하는 것은 서로 잘 어울리기 때문이라는 것이다. 의심스럽다면 창밖을 보라. 얼마나 다양한 컬러들이 어우러져 있는가. 자연은 분명 컬러를 믹스하는 방법을 잘 알고 있음이 틀림없다.

그렇다고 당장 달려가서 봄날의 정원처럼 울긋불긋한 컬러의 옷을 사 입으라는 것은 아니다. 중요한 것은 서로 다른 컬러들이 성공적으로 매치될 수 있다는 것이다. 변화무쌍하고 컬러풀한 조합이든, 중립 컬러를 베이스로 한 색조로 코디가 되었건 말이다. 같은 컬러를 맞추는 것만이 '매치'라는 생각은 버려야 한다. 내 고객 중 한 명은 어머니를 위한 선물로 산호색 캐시미어 스웨터를 골랐다. 나는 다른 컬러의 캐시미어 장갑을 골라주었다. 그랬더니 그녀가 "이게 스웨터랑 매치가 되나요?" 하고 물었다. 나는 대답했다. "아니요,

매치되지 않죠, 하지만 톤이 같아요."라고. 매치는 똑같은 컬러를 찾아 맞추는 것이 아니고 색조나 톤이 하모니를 이루도록 조합하는 것이다. 그 고객에게 설명했듯이 당신이 이 옷을 저 옷 위에 꼭 함께 입으라는 것도 아니다. 그리고 원단에 따라 질감이 다르면 컬러도 다 달라 보인다. 따라서 그 고객이 생각하는 좁은 의미의 매치라면 하나의 재킷에 완벽하게 매치하는 스웨터를 고르는 것은 쉽지 않은 일이다. 1940년대에는 스웨터와 치마를 매치되게 똑같이 염색해주는 회사가 있었다. 그러나 그것은 너무 따분하고 메마른 느낌 아닌가? 색조의 미묘한 차이를 보는 것이 훨씬 흥미롭지 않은가?

어떤 이유로든 컬러가 들어간 옷을 꺼려하는 초보자들에게 내가 항상 권하는 한 벌의 옷(스웨터가 그 좋은 시작이 될 수 있다)은 그 시즌에 가장 핫한 컬러의 옷이다. 작은 투자의 개념이든 리스크든 당신은 베이직한 옷 구성에 활기를 주고 모던하고 트렌디한 악센트를 찍어주는 것이다. 그 악센트 컬러의 역할은 마치 집 인테리어에서와 같이 옷장을 꾸며준다. 당신 옷장에 새로운 컬러를 하나 집어넣는 것은 늘 같은 컬러 소파에 아름답고 활기찬 컬러의 쿠션 하나를 얹어 놓는 것과 같다. 그것은 즉각적이고 눈에 띄는 차이를 만든다.

추천하는
컬러 코디네이션

항상 잘 어울리는 컬러 믹스법을 알려주고 싶다. 어떤 것들은 아주 기본적인 것이고 또 어떤 것들은 약간의 모험이 필요하다. 그리고 나머지는 모두 당신에게 달려 있다.

- 그레이는 다른 중립 컬러들과 대부분 어울린다. 블랙이나 브라운 혹은 다른 톤의 그레이와 함께 입어보라. 다만 서로 보완될 수 있는 분명한 컬러를 선택하라. 그러지 않으면 서로 섞여버려 밋밋해 보인다.

- 누구나 아는 빨강과 네이비의 조화 혹은 네이비에 흰색이 약간만 섞여도 봄의 느낌이 든다. 그 컬러들에는 뭔가 바삭거리는 상쾌함이 있다.

- 핑크, 산호색, 피치 컬러는 모두 얼굴색에 잘 맞는다. 그리고 네이비, 흐린 회색, 브라운, 베이지 컬러와 잘 어울린다.

- 빈티지 블루, 라벤더, 라일락 컬러는 브라운 컬러뿐 아니라 흐린 회색 계열과도 멋지게 매치된다.

당신은 컬러를 입는 방법으로 둘 중 하나를 택할 수 있다. 당신의 모든 중립 컬러들에 대담한 악센트를 찍는 것으로 보거나 아니면 그 컬러 자체를 하나의 중립적인 것으로 보고 나머지 옷들과 매치시키는 것이다. 사실 그 둘의 결과는 같다. 다만 인식의 차이가 있을 뿐이다. 내 생각엔 당신이 이 둘 중 하나의 방식으로 접근한다면 모든 컬러가 중립 컬러가 될 수 있다. 중립이라는 단어는 내가 사람들의 머릿속에 심어주고 싶은 단어다. 한 고객이 내게 자신의 옷들에 비해 너무 튀어서 도저히 빨강 스커트를 살 수가 없다고 한다면 나는 그것을 블랙으로 생각하라고 말해준다. 그 스커트를 블랙 스커트라 생각하고 옷장에 있는 중립 컬러의 상의들을 매치해 입어보라고.

또 다른 예로 한 고객이 재킷을 사러 왔다. 나는 바나나 컬러를 골라주었는데 정말 잘 어울렸고 그 고객은 정말 부유해 보였다. 그러나 당연히 그녀의 첫 질문은 이러했다. "이거 뭐랑 입죠?" 그녀의 옷장은 베이직한 컬러들로 가득했다. 브라운, 블랙, 네이비, 그레이 플란넬. 왜 어울릴 옷이 없겠는가. 그 어느 것도 다 어울리고 멋져 보일 것이다. 작은 재킷 하나를 위해 얼마나 더 많은 대안을 찾으려 할 것인가. 그냥 재킷을 입고 그 위에 스카프 하나를 쓱 매어보라. 컬러를 액세서리로 활용하라. 컬러를 당신의 단조로운 중립 컬러의 옷들에 악센트를 준다고 생각하라.

컬러가 있는 옷을 사려는 고객들은 어떤 색을 입어야 자신에게 어울릴까 하고 내게 물을 것이다. 그러나 나는 바로 '뭘 입어야 할까'라는 말이 마음에 들지 않는다. 컬러를 가지고 코디하는 데 있어 어떤 엄격한 규칙은 존재하지 않는다고 생각하기 때문이다. 예술가가 캔버스에 그림을 그리기 전에 컬러 차트와 규칙 노트를 손에 쥐고 앉는가? 물론 아니다. 당신도 옷을 코디할 때 그렇게 해서는 안 된다. 그래서 누군가가 자신이 어떤 컬러를 입어야 할지 물을 때면 나는 다양한 컬러를 시도해보라고 대답한다. 그들이 입고 거울을 봤을 때 마음에 드는 컬러여야 하기 때문이다.

많은 여성들이 《컬러미뷰티플(Color Me Beautiful: 개인에 맞는 컬러를 강조한 실용서적-옮긴이)》과 같은 것에 열광하여 자신만의 컬러를 찾아본다. 그들은 옷 가게에서도 제이노빅 플라자(Janovic Plaza:페인트 회사-옮긴이)의 컬러 차트를 꺼내어 옷을 입어보기도 전에 컬러를 옷들에 대보곤 한다. 나는 이러한 태도는 나쁘지 않다고 본다. 그들이 그 컬러 차트만 잃어버리지 않는다면 그들은 쇼핑에서 무슨 컬러를 찾아야 할지 알며 또 그 컬러를 입었을 때 어울릴 것이라는 자신감을 가지고 있으니 말이다. 그러나

- 버건디 컬러가 흐린 회색 혹은 어두운 차콜 컬러와 만나면 매우 풍부한 느낌이 난다. 그러나 만약 당신이 모험심이 있다면, 버건디 컬러를 거의 피부색에 가까울 듯 흐린 핑크와 매치해보라.

- 블랙은 모든 컬러와 잘 어울리지만 특정 컬러들과 만나면 좀 더 시크해 보인다. 예를 들어 아이보리(완전 흰색과는 반대되는) 또는 네이비는 블랙과 묘한 조화를 이룬다. 혹은 노란색이나 연두색을 매치해보라. 블랙에 얼마나 놀라운 악센트 효과를 주는지 알 수 있을 것이다.

문제 또한 없지 않다. 자신의 컬러 차트를 가지고 있으면 머릿속에 오직 그 컬러만이 있고 다양한 컬러를 생각하지 못한다. 옷가게에서 당신이 보는 컬러들은 바뀌게 마련이고 보그Vogue는 매 시즌마다 새로운 특정 컬러가 유행이라고 선언한다. 그러나 자신이 '겨울 컬러'가 어울린다고 알고 있는 그녀는 언제나 정해진 컬러의 범위를 벗어나지 못한다.

많은 여성들이 컬러 옷을 입는 것에 관해 꼭 따라야 할 깨지지 않는 규칙 같은 것이 있다고 믿는 것 같다(그《컬러 미뷰티플》이라는 시스템이 그런 생각에 일조했다).

빨강 머리 여성은 빨강색 옷을 멀리하고 블론드 여성은 노란색 옷을 입으면 영 안 어울린다고 생각하는 경우가 많다. 또 올리브톤 피부의 여성은 어떤 컬러들이 자신을 아픈 사람처럼 보이게 한다고 피하고 많은 아프리칸 아메리칸들은 브라운 계열을 입는 것을 거부한다. 그러나 나는 모든 여성들이 모든 컬러를 다 입을 수 있다고 믿는다. 시간이 지나면서 나 또한 내가 좋아하는 것과 싫어하는 것이 생겨나긴 했지만.

나는 어느 여성이라도 머리부터 발끝까지 똑같은 색의 옷을 입히지는 않을 것이다. 대부분의 여성이 그것을 싫어한다. 그리고 그런 식으로 옷을 입으면 금방 지겨워

진다. 비싸게 산 옷들을 쉽게 바꿔야 되는 일은 원하지 않
을 것이다. 크레욜라(Crayola: 미술 용품 제조회사 – 옮긴이)의
진한 컬러들이 유행한 적이 있다. 그러나 나는 그것을 하
나의 악센트로 본다. 어떤 이유로 디자이너들과 잡지 등
은 정해진 시즌에 정해진 컬러들을 밀어준다. 그러나
만약 소위 그 시즌에 유행하는 컬러가 당신이 싫어
하는 컬러라면 어떨까? 바로 그때가 당신이 소신
있게 당신이 좋아하는 악센트 컬러들을 꺼내어 입
을 때다. 아니면 완전히 새로운 컬러의 스웨터나 스
카프, 핸드백을 살 수도 있다. 당신은 컬러를 가지고
약간의 모험을 해야 한다. 컬러 옷을 입는 데는 어
떤 절차도 없다.

그럼에도 불구하고 어떤 컬러들은 어떤 이들에
게 다른 이들보다 더 잘 어울린다. 대부분의 회색
머리 여성들은 회색 플란넬 옷을 입기 꺼려한다. 당
신은 그래도 빨강, 자주, 노랑을 조금만 섞어 악센
트를 준다면 멋지게 입을 수 있다. 나는 개인적으로
전체를 회색으로 차려입는 것을 별로 좋아하지 않
는다. 그렇게 입어서 예쁜 사람을 본 적이 없다. 대
부분의 사람들의 안색에 그것은 너무 무거워 보인
다. 회색 플란넬 바지는 사실 옷장에 누구나 하나씩

컬러코드 깨는 법

- 비싼 돈을 내고 당신과 어울리는 컬러를 찾기 위해 컬러 컨설턴트를 찾아갈 필요는 없다.

- 조명이 자연스럽고 좋은 곳에 거울을 두고 그 앞에서 여러 컬러를 당신 얼굴에 대보라. 어떤 컬러는 당신을 활기 있어 보이게 하고 또 어떤 컬러들은 축 처져 보이게 할 것이다. 이렇게 하는 것은 좋은 시작이다.

- 당신의 머리색이나 눈동자색에 맞추어 옷을 입을 필요는 없다. 그러나 적어도 어떤 컬러가 머리색과 눈동자 색을 상호 보완하고 돋보이게 하는지는 알고 있으라.

- 자신의 시그니처 컬러를 갖는 것은 전혀 잘못된 것이 아니다(다이애나 브릴랜드는 레드를 입고 레드가 들어간 액세서리들을 많이 사용했던 것으로 유명했다). 그러나 블랙이나 중립 컬러만 입으면 한 컬러에 갇혀 버려 지루하게 느껴질 것이다.

- 나는 핑크가 어울리지 않는 여성을 본 적이 없다. 누가

은 있을 것이다. 그러나 그것을 잘 입으려면 다른 컬러나 옷감이랑 매치시켜줘야 한다. 당신이 실크 블라우스 위에 스웨이드 재킷이나 가죽조끼를 입으면 거친 느낌을 많이 없앨 수 있다. 즉, 컬러만큼이나 옷의 질감을 잘 믹스하는 것이 악센트를 제대로 주는 포인트다. 이것은 아프리칸 아메리칸 여성들에게 해당되는데 그녀들의 피부는 럭셔리한 보석 톤의 컬러를 입었을 때뿐 아니라 벨벳 같은 풍부한 질감의 옷을 입었을 때도 밝아 보인다.

그건 그렇고 빨강 머리 여성이 빨강 옷을 입으면 안 된다는 것도 잘못된 생각이다. 그녀들이 그렇게 생각하는 것은 너무 많은 빨강이 섞이면 흉해 보일 거라는 추측에서다. 그러나 당신이 입는 빨강 옷은 저마다 다 차이가 있다. 누군가에게 섬세하고 깊은, 따뜻한 빨강 코트를 보여주면 바로 좋다고 할 것이다. 그러나 톤을 올려 너무 날카로워 보이는 오렌지빛 빨강은 사람들이 싫어할 수도 있다. 그런 날카로운 컬러(80년대에는 그러한 컬러를 네온 컬러라고 불렀다. 그라피티 아티스트인 스티븐 스프라우스Stephen Sprouse가 그 컬러로 인기를 끎 – 옮긴이)의 옷을 입은 사람은 찾아보기 어렵다.

그러나 때로는 입어서 기분 좋다면 과감한 행동도 한 번쯤 해보라. 그 시즌에 유행하는 컬러로 벨벳이나 시폰

스카프를 구입해보거나 단지 당신의 눈을 사로잡았다는 이유로 대담한 컬러의 스웨터를 사보라. 나는 흐리고 비오는 날 밝은 컬러의 옷을 입는 것으로 유명하다. 내가 그렇게 입는 이유는 그렇게 하는 것이 기분이 좋기 때문이다. 그리고 분명 다른 사람들도 기분 좋게 하는 것 같다. 어둡고 음울한 거리에서 사무실로 들어서면 사람들은 하나같이 내게 햇살 같다, 생기 있다 라며 칭찬을 한다. 게다가 그 옷이 잘 어울린다면 금상첨화가 아닐까.

그러나 당신이 정말 싫어하는 컬러라면 절대 사지 마라. 나는 고객들이 어떤 옷을 입었을 때 컬러가 그들과 잘 어울린다고 생각할 때가 있는데 그것은 단지 내 객관적인 생각일 뿐이라는 것을 알았다. 내가 잘 어울리게 입혔다고 생각한 한 고객이 거울을 보더니 "이건 제가 정말 싫어하는 컬러예요!" 하는 것이다. 혹시 그녀 머릿속에 정말 싫은 어떤 것이 떠올랐을지 누가 알겠는가. 노란색 스웨터는 머스터드소스를 떠올리게 할 수도 있고, 나처럼 오렌지를 볼 때마다 핼러윈을 떠올릴 수도 있다. 핼러윈처럼 특정 이벤트마다 연관되는 컬러가 있다는 것이 재미있다. 아무튼 당신이 어떤 이유로든 싫어하는 컬러가 있다면(아무리 그 시즌에 가장 핫한 컬러라 해도) 입지 않는 것이 좋다.

입어도 깔끔하고 감각적이다 (게다가 믿을 수 없을 정도로 여성적이기까지 하다).

● 정말로 당신 치마와 어울릴 컬러를 고르기 힘들다면 쇼핑을 할 때 컬러 견본 조각을 가지고 가자.

137

Chapter 5

특별한 날을
위하여

STEPPING IN, STEPPING OUT

1

파티를 위한
옷차림

> 누가 베티보다 스타일에 관한
> 책을 더 잘 쓸까? 그녀는 내가
> 아는 가장 시크하고 가장 옷
> 을 잘 입는 여성 중 한 명이다.
> 나는 기꺼이 그녀에게 내 옷
> 장을 맡기겠다!
>
> – 조안 리버스(Joan Rivers),
> 영화배우

특별한 날에 입는 옷

특별한 행사를 위해 옷을 차려 입어야 하는 것은 여성에게는 그 무엇보다도 신경 쓰이는 일이다. 고객들이 내게와서 "옷이 필요해요."라고 말하는 것도 그런 경우 중 하나다. 그리고 그것은 말 그대로 '옷이 필요한' 것이다. 충동에 의한 것이 아니라는 말이다. 이때야말로 평소 옷에 신경을 별로 쓰지 않던 여성들도 무엇을 입을지 고민하고 여기저기 쇼핑하며 이것저것 입어보고 쇼핑백 가득히 사들고 돌아오는 때다.

이렇게 패닉 상태가 되는 이유 중 하나는 이러한 특별한 이벤트가 결혼식이건, 자선 음악회건, 혹은 새해 전 날 파티건, 다른 사람들을 위해 옷을 입어야 하는 자리라는 사실이다. 우리는 '보여주려고' 옷을 입는다(보이기 싫다면 집에 있어야 한다). 그래서 여성들이 이런 경우 내게 찾아와 처음 하는 말이 바로 "저 섹시하게 보이고 싶어요."다. 18세든, 80세든 무슨 상관이 있겠는가. 여성이라면 누구나 옷을 입었을 때 섹시해 보이고 싶어 한다. 그렇다면 이 '섹시하다'는 것이 도대체 어떤 의미인가.

'섹시'라는 단어는 갑자기 세상에서 가장 많이 쓰는 단어가 되었다. 그리고 내 생각에 가장 잘못 쓰이는 단어이기도 하다. 예전에는 침실 안에서의 일이나 할리우드 스타들에게만 이런 표현을 쓰곤 했다. 지금은 대부분의 여성이 그것이 뭘 의미하는지도 모르는 채 그 말을 쓰는 것 같다. '섹시함'을 찾아 내 숍에 들어서는 여성은 꼭 딱 붙는, 깊이 파인, 또는 노골적 인 옷을 고를 필요가 없다. 우리가 생각하는 이미지나 또는 말들 때문에 혼동이

우리는 베티를 기적을 행하는 사람이라고 부르죠! 그녀의 솔루션은 개인적이고 완벽해요.

— 장 두마니안
(Jean Doumanian), 영화 프로듀서

오는 것 같다. 나는 모든 여성은 특정 이벤트를 위해 옷을 입을 때 예뻐 보이거나 여성스러워 보이고 싶어한다고 생각한다. 즉, 여인처럼 보이는 것. 그리고 이것이 어떤 면에서는 '섹시한' 것이다. 대부분의 여성들이 이틀에 한 번 꼴로 입는 지루한 느낌의 정장이나 바지와 스웨터 차림보다는 여성적인 옷들이 확실히 더 섹시한 느낌을 준다.

자, 이제 그럼 섹시하고 예뻐 보이는 것에 관한 생각과는 별도로 왜 모든 여성들이 큰 이벤트를 앞두고 마지막 순간까지 옷을 사는 것을 미루는가에 대해 생각해보자.

이것은 마치 고치기 어려운 병과 같다.

아무리 초조해하고, 옷장을 다 뒤지고, 옷가게를 돌아다녀도 감히 말하건대 90%의 여성은 막판까지 옷을 고르지 못한다. 참 재미있다. 일주일 전까지 기다리다가 아슬아슬하게 시간에 맞춰 옷을 살 것이다. 이러한 꾸물거림은 일부분 죄책감과도 연관된다. 대부분의 여성이 한 번 입을 옷에 큰돈을 쓰게 되는 것에 심리적으로

Sheer

Solid

Dolero jackets

죄책감을 느끼기 때문이다. 그러므로 하나의 특별한 이벤트를 위해 옷을 찾을 때는 또 다른 장소나 행사에서도 입을 수 있는 옷을 구해야 한다. 힘들겠지만 그것이 유일한 방법이다. 웨딩드레스가 아닌 한은 여러 번 입을 수 있는 옷을 사야 한다. 만약 다른 이벤트들에서 같은 사람들을 보게 될지라도 당신은 같은 옷을 새롭게 코디해서 입을 수 있다. 액세서리를 바꾸든가 정교한 스카프를 두르거나 드레시한 볼레로 재킷을 입으면 완전히 달라 보일 수 있다. 당신 옷장에 있는 다른 옷들을 끊임없이 이용하라.

한 벌의 옷이 얼마나 많은 삶을 살아가는지에 대해 예를 들어보겠다. 나는 25년 전에 산 멋진 레오파드 프린트 시폰 이브닝드레스를 며칠 전에도 결혼식에 갈 때 입었다. 그 드레스는 세트로 스카프도 있는데 그것은 허리춤에 묶었다. 어깨에 약간의 패드를 넣었고 살이 찐 부분은 좀 늘리기도 했는데 어쨌거나 같은 드레스다. 여기서 내가 말하고 싶은 것은 이브닝드레스는 버리지 말라는 것이다. 이는 남에게 줘버려서는 안 되는 유일한 옷이다. 몇 년 지나면 똑같이 입을 수는 없겠지만 좋은 드레스는 고쳐 입어 다시 새롭게 보일 수 있다. 때로 긴 드레스는 칵테일 드레스로 바꿀 수도 있고 다른 변화를 줄 수도 있다.

이브닝드레스를 잘 입는 법

- 길건 짧건 심플한 드레스를 기본으로 사용해 옷장을 채워 나가라. 경우에 따라 더 차려 입거나 덜 차려 입을 수 있다.

- 비칠 정도로 얇은 스타킹과 끈 달린 하이힐 구두는 곧바로 섹시어필을 한다. 그러나 불투명한 팬티스타킹과 발가락을 가리는 구두는 무겁고 덜 드레시한 느낌을 준다.

- 주얼리는 커다란 뱅글처럼 경쾌한 것보다는 진주 귀걸이나 진주 초커처럼 화려한 것으로 한다.

- 캐시미어 숄이나 카디건을 어깨에 두르면 클래식하고 좀 더 캐주얼해 보인다. 비드가 달린 혹은 레이스로 된 볼레로 재킷도 드레스를 블랙타이 파티에 어울리게 만들어 준다.

- 시폰, 벨벳, 또는 실크 스카프를 목에 매어주어 목 라인을 달리 보이게 하라. 스카프는 어깨 너머로 흐르게 한다.

회사에서 약속 장소로 바로 가는 경우를 위한 팁

당신이 중역 회의실에서 입었던 옷을 그대로 입고 무도회장으로 직행할 수는 없겠지만 그래도 같은 옷을 살짝 바꿔 요령 있게 이용하는 법이 있다.

- 하이힐의 힘을 과소평가하지 마라. 스틸레토(높고 가는 힐의 구두)를 신으면 자동적으로 차려 입은 것처럼 보이고 한없이 섹시하다.

- 다리가 가벼우면 멀리 가기도 쉽다. 어둡고 두꺼운 스타킹을 벗어던지고 비칠 정도로 얇은 것으로 갈아 신고 회사를 나서라.

- 서류 가방은 회사에 놓고 나가라. 대신 작고 드레시한 가방에 꼭 필요한 것만 넣어 나간다(펑키한 동물 프린트가 된 혹은 반짝거리는 새틴 화장품 가방이 있으면 이브닝 클러치 백 역할을 할 수 있다).

- 셔츠를 벗어 던져라. 딱 붙는 정장 재킷 아래에 살을 약간 노출시켜주면 (너무 정장 앞이 많이 파였을 경우엔 실크 캐미솔 등을 입어준다) 딱딱

이브닝드레스를 살 때

당신이 비싼 이브닝드레스를 살 때는(현실을 직시하라, 이브닝드레스는 비싸다) 당신은 그 옷에 푹 빠져야 한다. 당신이 몇 년 동안 특별한 모임에 가기 위해 옷장에서 꺼낼 때마다 '나는 이 옷이 정말 좋아.' 이런 생각을 할 수 있어야 한다. 이 옷을 사려고 막대한 시간, 에너지, 돈을 투자했으므로 그에 맞는 가치를 뽑아내야 한다. 불행히도 비싼 옷이라고 전부 값어치가 있는 것은 아니다. 당신은 잘 만들어진 드레스와 엉성하게 만든 드레스의 차이를 구별하는 요령이 있어야 한다. 가격표가 그 차이를 말해주지는 않기 때문이다.

드레스를 뒤집어 보고 어떻게 만들어졌나 봐야 한다. 안감이 있는지 체크하고 패턴이 잘 맞게 이어졌는지도 봐야 한다. 버튼, 지퍼, 밑단이 잘 재봉되었는지도 보라. 전체적으로 느슨하게 재봉된 곳은 없는지 확인하라. 단을 내어 길이를 조절해야 할 수도 있으니 밑단에 넣어진 부분도 확인하라. 만약 1인치 정도가 여유 있다면 0.5인치는 늘릴 수 있다. 모든 이음선마다 여유가 있다면 거의 전체 사이즈를 늘릴 수 있다. 그렇게 되면 진짜 옷을 오래 입을 수 있을 것이다.

여성들이 그토록 옷 입는 것에 스트레스를 받는 이유

는 누구도 어느 경우에 어떤 옷이 진정으로 적합한지 알
지 못하기 때문인 것 같다. 블랙 타이(black tie; 앵글로아메
리카 복식 관습에서 유래한 드레스 코드로 오후 6시 이후 행사에
서만 입는 격식 있는 드레스 코드 – 옮긴이)라는 말도 유명무실
해졌다. 요즈음은 아무도 블랙 타이가 의미하는 게 무엇
인지 모르는 것 같다. 한편으로는 엄격한 규칙들이 사라
지고 모두가 자유롭게 옷을 입지만 또 한편으로는 너무
혼란스러워진 부분도 있다. 만약 모두가 저마다 '옷을 잘
차려입는 것'에 대한 기준이 다르다면 당신이 상황에 따
라 옷을 적절히 입었는지 알 수 있을까? 누구의 기준에 맞
출 것인가?

한 번쯤은 이런 경우가 있을 수도 있다. 몸에 착 붙는
스팽글 달린 드레스를 입고 칵테일파티 장소에 들어갔는
데 모든 다른 여성들은 마치 직장에서 바로 온 듯 정장을
입고 있다. 단지 재킷 안에 좀 예쁜 셔츠 등을 입었을 뿐
이다. 바로 이런 상황이 당신이 '격식이 사라지고 모든 것
이 다 통하는' 세상에 살면서 감수해야 할 하나의 위험요
소 아닐까? 고개를 들고 당신이 가장 드라마틱하게 눈에
띌 것이라는 자신감을 가져라. 만약 정 불편하여 입은 옷
에 대해 변명이라도 해야 할 것 같으면 그날 밤에 또 다
른 중요한 약속이 있는 것처럼 넌지시 넘어가는 것이 한

함이 훨씬 줄고 저녁 옷차림
으로 어울린다.

● 액세서리를 회사에 몇 개 가
져가라. 대담한 목걸이나 흔
들거리는 귀걸이, 라인스톤
머리핀 등은 낮에 매일 입는
보통의 블랙 원피스를 타이
트한 칵테일 드레스로 완벽
하게 변신시킨다.

방법이 될 것이다. 예전에는 파티에 초대를 받으면 긴 드레스를 꺼내 입어야 했다. 그러나 이제 더 이상 그렇게 통하지 않는다. 많은 상점이나 디자이너들이 짧고 드레시한 딱 붙는 스타일의 드레스들을 더 이상 '칵테일 드레스'라고 부르지 않고 '블랙 타이' 드레스라고 칭한다. 물론 길고

형식을 차린 드레스들이 아직도 있지만 그런 드레스를 입
는 여성들은 찾아보기 힘들다. 내 생각엔 들인 돈의 값어
치를 다 보상 받을 만큼 충분히 그 옷을 입지는 않을 것이
다. 모두가 꼭 사야 하지 않는 경우라면 긴 드레스에 투자
하는 것을 두려워한다. 한 번 입고 또 입을 다른 경우가 생

change by
wrapping a
scarf around
your neck
and letting the
ends trail
over your shoulders

길 때까지 한참 동안 옷장에 먼지가 쌓이도록 걸려 있을 것이기 때문이다.

심플하고 라인이 깨끗하게 떨어지는 긴 시프트 드레스 하나 정도는 사두는 것도 괜찮다고 생각한다. 블랙일 수도 있고(아니면 당신이 좋아하는 무슨 컬러든 좋다) 옆이나 뒤가 길게 트여 있을 수도 있다. 홀터 상의일 수도 있고 등이 완전히 파인 옷일 수도 있으며 브이넥으로 앞이 깊게 파여 있을 수도 있다.

그러나 중요한 것은 그것이 충분히 심플하다면(비드나 스팽글이 안 달리고 자수 등으로 요란스럽지 않다면) 당신이 다양한 행사에 두고두고 입을 수 있다는 것이다. 예를 들어 낮에 하는 결혼식 등에는 어울리지 않을 수 있지만 대부분의 칵테일파티에는 완벽하게 어울릴 것이다. 그리고 심플하다 보니 새로운 룩으로 보이기 위해 무언가를 얼마든지 첨가해 코디할 수 있다.

한편 이러한 길고 형식적인 드레스를 요하는 이벤트의 반대쪽엔 그렇게 드레시하지만은 않은 행사들이 있다. 회사가 끝나고 바로 좋은 레스토랑에서 저녁 약속이 있다든가 회사 내에서 하는 칵테일파티, 혹은 너무 일찍 시작해서 퇴근 후 집에 다녀올 수 없는 그런 파티들 말이다. 이런 경우 회사에 갈아입을 옷, 신발, 액세서리 등을 가져오

지 않는 한 어떻게 대처할 것인가. 글쎄, 블랙 타이 파티나
비슷하게 격식 차린 행사만 아니라면, 회사 내 여성 탈
의실 거울 앞에서 입고 있는 옷 그대로 몇 분
만 만지면 되는 그런 현명한 옷차림이 도움
이 될 것이다. 흔히 있는 일이지만, 블랙은
이러한 곤란한 상황에서 가장 좋은 선택이
다. 다른 컬러들보다 드레시해 보이는 컬러
아닌가. 별 어려움 없이도 섹시해 보이고,
또 회사에서 옷에 무엇을 흘렸다 해도 아무
도 모른다.

chiffon scarf

black sleveless shift

it's all in how you wear it!

　만약 소매 없는 블랙 시프트 드레스에 매칭되는
재킷이 있다면 이럴 때 입어라. 회사에
서는 계속 재킷을 입고 있어 정장 느낌
을 주고 파티 장소에서는 재킷을 벗으면
된다. 바지건 치마건, 짧건, 길건, 블랙 정
장을 입으면 회사에서도 오케이요, 약속
장소에 갈 때도 무난하다. 단지 회사에 화장
품을 좀 가져가라. 차려입은 것처럼 보이고 싶을
때 정열적인 빨간 립스틱을 바르는 것만큼 효과적인
것은 없다.

2
결혼식 의상

계획하고, 들뜨고, 혼란스럽고, 또 신경 쓰이는 것까지, 할리우드 행사나 대통령 취임 축하 행사 등을 제외하면 결혼식만 한 게 또 있을까? 결혼식 계획은 보통 일 년 전이나 그보다 더 일찍 시작된다. 결혼식을 올릴 장소를 고르고, 음식, 밴드, 꽃, 사진은 어떻게 할 것인지 생각하는 것은 물론 결혼식에 참가하는 모두가 의상을 고른다. 그리고 바로 여기서부터 문제는 복잡해지기 시작한다. 이 하루를 위하여 모든 수단을 동원하고 어마어마한 돈을 사용하며 결혼식에 참가하는 모든 사람들이 신부와 신랑을 위해 최고의 모습을 보여야 한다.

신부 어머니
어찌됐건 이런 흥분과 법석대는 와중에 모든 것이 잘 돌아가고 사람들은 다 멋져 보인다. 드레스는 차치하고

나는 이런 큰 행사 날, 모두의 얼굴에 떠도는 행복감이 그
들을 진정 더 아름답게 보이도록 한다고 생각한다. 그러
나 아무도 즐거운 기분에만 의지할 수는 없는 것이고, 다
른 무엇보다도 옷 선택에 가장 신경을 쓰게 된다. 그리고
흔히, 모든 하객들 중 가장 초조한 사람이 바로 신부의 어
머니가 아닐까 한다. 그리고 그보다 좀 덜 하지만 신랑의
어머니도 마찬가지다.

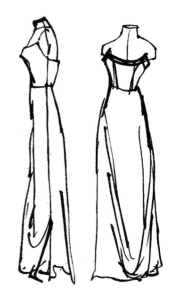

신부나 신랑의 어머니는 신부의 들러리들이나 혹은
그 외 다른 사람들과 매치될지 걱정하지 않고 자신들이
마음에 드는 옷을 골라 입을 수 있다. 그러나 나는 이제 그
들이 옷을 결정하느라 좀 더 힘들지 않을까 생각한다. 스
타일이 너무 많아 고르기 어렵고, 걱정도 너무 많고, 거울
을 볼 때마다 많은 사람들이 자신을 쳐다볼 결혼식 생각
에 초조하다. 나는 신부보다도 더 오랫동안, 더 힘들게 옷

을 고르거나 또 산 것을 바꾸거나 하면서 결정을 내리지 못하는 어머니들을 많이 봤다. 나의 조언은 가능한 한 이러한 힘든 싸움에서 벗어나라는 것이다. 그리고 물론 당신은 딸이나 며느리의 의견을 듣고 그들이 원하는 식으로 입고 싶겠지만 당신이 편하지 않은데 억지로 입지는 마라.

어머니의 옷차림은 그 결혼식이 얼마나 화려하고 또 드레시한지에 맞추어 비슷한 분위기를 낼 수 있도록 조절되어야 할 것이다. 그리고 신부의 혹은 신랑의 어머니라는 이유 때문에 멋 부리는 것을 자제하지 마라. 결혼 잡지 등에서 아이디어를 얻어도 좋다.

신부 들러리

친구나 친척의 결혼식에서 신부 들러리를 서 달라고 부탁받는 것은 언제나 즐거운 일이다. 그러나 그 즐거운 느낌은 흔히 거기서 끝나고 만다. 신부 들러리가 입을 드레스를 고르는 일처럼 괴로운 일도 별로 없다. 들러리용 옷이 많지 않은 데다가 모두가 같은 드레스를 입어야 하기 때문이다. 이때 키가 크고 호리호리한 친구에게 어울리는 드레스가 옆에 서는 키가 작고 풍만한 친구에게는 그다지 어울리지 않을 것이다. 그리고 마지막 문제는 바로 가격이다. 아무도 한 번 입고 말 옷에 큰돈을 들이고 싶

어 하지 않는다. 또 입을 경우를 생각하여 옷장에 보관해
두는 일은 거의 없다. 그러나 이 마지막 고민은 신부에 의
해 덜어질 수 있다. 신부 들러리의 드레스 값은 결혼식 비
용에서 충당해야 하는 것 아닌가. 내 생각엔 조금이라도
신부가 부담해 주는 것이 좋을 것 같다.

신부가 신부 들러리 드레스를 구하기
위해 나를 찾아오면 신부와 나는 신부가
좋아하는 컬러나 패턴의 드레스를 찾
으러 백화점의 세일하는 곳까지 포
함하여 모든 곳을 둘러본다. 먼저
몇 벌을 골라 추려놓는 것이 장기적으
로 볼 때 덜 혼란스럽고 스트레스도
덜하기 때문이다.

그리고 여러 들러리가 똑같은
옷을 입어야 한다는 전통적 방식을
깰 것을 권한다. 들러리들에게 자신
이 입고 싶은 대로 입으라고 자유
를 주는 것이다. 보통은 신부가 컬
러만 정해주고 들러리들은 자신
의 맘대로 스타일을 고른다. 그러
나 여전히 다른 들러리들과 통일감은 있

Bridesmaids

어야 한다. 이때 액세서리가 도움이 된다. 모두가 같은(혹은 비슷한) 신발을 신거나 머리에 같은 장식을 한다거나 보석을 똑같이 다는 것 등이다. 그리고 가장 심플한 드레스를 골라라. 예를 들어 소매 없는 시프트 드레스에 레이스 장갑을 끼고 진주 귀걸이를 달면 들러리들이 서로 비슷해 보이면서도 무척 아름다워 보일 것이다.

3

웨딩드레스의
선택

웨딩드레스가 의미하는 것

당신은 그녀를 금방 알아볼 수 있다. 왜냐하면 그녀 혼자
유일한 흰색을 입었으니. 그리고 베일을 쓰고 큰 부케를
든 그녀. 큰 이벤트의 스타요, 그날의 공주인 그녀, 바로
신부다. 처음 웨딩드레스를 입어보는 여인을 볼 때 나는
정말 흥분된다. 그녀가 좋아하는 옷이든 아니든, 처음 신
부로서의 드레스를 입고 거울을 보는 그녀의 얼굴에는 특
별한 표정이 떠오른다. 그것은 말로 표현하기 힘든 표정
이다. 역할을 위해 웨딩드레스를 입는 영화배우의 경우라
도 똑같은 흥분의 표정이 스친다. 그리고 그것은 시작에
불과하다.

그 흥분은 보통 빠르게 패닉과 망설임으로 바뀐다. 내
가 아는 모든 여성들은 드레스를 결정하기 전에 손에 넣
을 수 있는 드레스들을 다 입어 본다. 그러면서 주위의 의

견 또한 묻는다. 어머니, 친한 친구들, 들러리들, 때로는 그녀의 예비 시어머니까지 누구라도 그녀가 그 드레스를 입었을 때 얼마나 예쁜지 확인해 줄 사람이면 된다. 신부 용품 백화점에 들어가 처음 입어본 드레스를 사는 신부는 한 명도 없다.

여러 드레스를 입어보는 것에는 확실히 어떤 즐거운 흥분이 따른다. 아마도 이론적으로는, 일생에 단 한 번 해볼 수 있는 것이기 때문이리라. 웨딩드레스를 사는 것은 다른 옷들을 사는 것과 다르다. 결혼식을 하지 않으면 입어볼 수도 없는 옷이다. 그리고 이 한 번의 이벤트에는 엄청난 기대감이 따른다.

이러한 흥분은 결혼식날의 로맨틱한 분위기에서 온다. 신부가 되는 것은 마치 우리가 한 번도 가보지 못한 동화의 나라로 떠나는 것과 같다. 그래서 그토록 많은 여성들이 동화 속 주인공들이 입는 커다랗고 주름이 많은 그런 전통적인 드레스를 원하는 것 아닐까. 얼마나 많은 세련되고 옷 잘 입는 여성들이 내게 찾아와 심플하고 시크한 웨딩드레스를 원한다고 말했는지 모른다. 그러나 막상 입어보는 과정에서 그들은 모두 커다랗고, 풍부하고, 로맨틱한 그런 드레스에 빠져버린다. 이러한 드레스를 입는 것은 바로 하나의 '환상'이다. 당신이 실제로 실현할 수 있는 기회를 잡은 환상.

만약 당신이 웨딩드레스를 맞춤 주문할 계획이라면
시간적 여유가 충분해야 한다. 당신이 주문한 날로부터
4~6개월은 걸리고, 일단 도착해도 수없이 핏을 맞춰보고
조절해야 하기 때문이다. 또 드레스를 고른 다음에는 면
사포, 머리 장식, 신발, 란제리, 주얼리, 그리고 머리 스타
일을 생각해야 한다. 웨딩드레스를 입고 결혼식장에 걸
어 들어가는 날을 위해 이러한 것들을 준비하면서 신부
들이 결혼 날짜가 다가올수록 불안해하는 것은 너무
나도 당연하다. 그러나 모든 것이 다 그렇듯, 세심한
계획과 쇼핑은 그러한 마지막까지의 불안을 경감
시켜 줄 수 있다.

처음 드레스 피팅을 할 때는 진정한 흥분
과 패닉이 함께 온다. 아마 드레스를 마지막
으로 보고 나서 드레스가 도착할 때까지 몇
개월은 지난 후 보는 것이기에 입었을 때
많은 부분이 기억했던 것과 다르고 갑
자기 마음에 들지 않을 수도 있다.
그러나 진정하라. 결혼식 바로
그 순간까지 얼마나 많이 바
뀔 수 있는지 상상도 못한

다. 내가 기억하기로도 정말 많은 여성들이 다음 피팅까지 2~3킬로그램을 뺄게요 하면서 우는 것을 본다. 그런데 그럴 필요가 없다. 왜냐하면 드레스의 거의 모든 부분을 다 고칠 수 있으니 말이다. 드레스가 너무 평범해 보이면 레이스나, 진주, 그 외 장식들을 더 늘리면 된다. 반대로 만약 너무 장식이 많아 보인다면 떼어내면 된다. 스커트를 좀 더 부풀리고 싶으면 속치마를 더 입으면 되고, 어깨나 가슴에 패드를 끼워 넣을 수도 있다. 즉, 뭐든 당신이 말만 하면 다 고칠 수가 있다.

　대부분의 웨딩드레스는 허리까지 오는 메리 위도(merry widow: 브래지어와 코르셋이 합쳐진 올인원 - 옮긴이) 같은 끈 없는 브래지어와 드레스의 핏을 살리는 기본이 되는 페티코트를 요구한다. 그리고 여기서의 핏은 몸에 딱 맞는다는 이야기이기 때문에 드레스가 정말 타이트해서 여유분이 없다. 다시 말하면 팔을 높이 들어 올릴 수조차 없이 당긴다. 전통적인 드레스는 허리부분이 앞뒤로 V자형으로 되어 있어 드레스를 고정해 준다. 이러한 허리 모양은 당신 허리를 완전히 가늘어 보이게 하고 타이트한 핏은 당신의 몸매를 아름답게 또 볼륨감 있게 보이도록 한다. 웨딩드레스는 원단이나, 컬러, 스타일 등에 제약이 많지 않다. 몸에 착 붙는 섹시한 드레스, 스트레이트, 혹은

포티즈 스타일(40년대 룩) 드레스만 아니라면(이런 드레스는
도시의 저녁 결혼식에 잘 어울릴 것 같다) 무엇이든 가능하다.

한낮에 하는 결혼식과 저녁에 하는 결혼식에 입는 드
레스에 큰 차이는 없다. 다만, 전통적인 웨딩드레스에
캐주얼 룩은 없다. 아마도 당신이 웨딩드레스를 고른다
면 결혼식이 낮이든 저녁이든 상관없이, 계절과 결혼
식장 위치에 상관없이 무엇이든 다 입어볼 것이다. 그
렇게 하지 못할 이유가 뭐가 있겠는가.

드레스 컬러와 면사포, 구두

첫 결혼식이라 해도 점점 더 많은 여성이
완전히 하얀색 드레스를 고르지는 않는 추세
다. 오프 화이트에는 아이보리, 크림색, 베이
지부터 파스텔 톤의 분홍빛, 붉은 빛, 회색빛
보라색을 띤 컬러까지 셀 수 없이 다양한 색조가
있다. 이러한 컬러들은 모두 결혼식이 낮이 되었
건 밤이 되었건 또 시즌에 상관없이 입을 수 있
는 컬러들이다. 다만 저녁 결혼식 드레스가 낮
결혼식 드레스와 다른 점이 하나 있다면 반짝
이를 더해주어야 한다는 것이다. 아무리 심플
한 드레스일지라도 작은 스팽글이나 비드를

박아주면 그 반짝이 효과는 말할 수 없이 크다.

어떤 원단들은 특정 계절에 어울리기도 한다. 튤, 망사, 오간자 등 가벼운 고서머(gossamer: 얇은 견사로 짠 거미줄 같은 직물 – 옮긴이) 원단은 주로 여름에 입는다. 그러나 많은 신부들이 일 년 내내 입을 수 있는 좀 더 무거운, 뻣뻣한 실크 새틴 을 좋아한다.

드레스 다음으로 중요한 것이 바로 면사포(베일) 로 결혼식의 모든 그림을 아름답게 마무리한다고 생 각한다. 신부 머리 장식과 관련하여 수없이 다양한 스타일들이 있으니 꼭 예전 스타일을 고집할 필요 는 없다. 여름에 밖에서 하는 결혼식을 위한 모자들 도 많고 말끔한 프렌치 트위스트(French twist: 머리 를 뒤로 묶어 원기둥 모양으로 감아올린 여성의 머리 스 타일 – 옮긴이)에 신선한 꽃들을 꽂아주는 것도 심 플하고 세련된 드레스를 잘 완성시켜준다. 면사 포는 또한 당신의 결혼에 감성적인 포인트를 끼워 넣을 수 있는 요소다. 당신의 어머니나 할머니의 드레스는 너무 구식으로 보일지 모 르지만 면사포는 당신의 드레스에 맞추어 조 금 변경하여 쓸 수 있을지도 모른다. 만약에 당신이 교회나 그 외 주례자 앞으로 걸어 나가기까지 통로가 긴 그런 장소에서 결혼식을 올린다면 꼬리 달린 긴 드레스와 긴 면사포(또는 면사포만 길어도 상관없다)가 제격이다.

면사포를 쓴 당신이 입장하는 모습은 매우 드라마틱할 것이다. 스커트의 너풀거림이 마치 당신이 하객들 앞에서 움직이며 춤추는 것처럼 보이게 할 것이다. 면사포는 식이 끝나면 번거롭지 않게 어깨 길이나 허리 길이로만 내려오게 끝을 떼어낼 수 있다. 드레스나 면사포를 사기 위해 입어보거나 써볼 때 뒷모습에 극도로 신경 써야 한다.

아마 결혼식은 사람들이 당신 앞모습보다 뒷모습을 더 많이 보는 유일한 때일 것이다. 손님들은 당신의 앞모습은 당신이 바로 앞을 지나갈 때까지 거의 보지 못한다. 그러니 피팅할 때마다 드레스와 면사포의 뒷모습, 머리 스타일과 장식 드레스를 쫙 펼쳤을 때의 모습 등을 삼면거울 앞에서 꼭 확인해야 한다. 결혼식이 진행되는 동안 당신의 뒷모습이 하객들에게 어떻게 보일지 대해 확실히 알고 있어야 한다.

오늘날 결혼식에 신는 신부의 신발은 정말 다양하다. 기본적이고 클래식한 웨딩 신발은 심플하고 낮은 힐의 실크 펌프스일 것이다(드레스와 매치되는 컬러로). 그리고 흔히 신발 앞 코에 작은 꽃이나 나비 리본이 달린다. 그리고 거기에서부터 변형의 가능성은 끝이 없다. 나는 매끄러운 딱 붙는 드레스에 끈이 달린 하이힐 샌들을 신은 신부도 보았다. 어떤 신부들은 통로에서 걸려 넘어질까 봐 단화를 신기도 한다. 내가 아는 발에 문제가 있던 한 여성은 결혼식에서 편하고 춤도 출 수 있도록 흰색의 편한 부츠를 신기도 했다. 정리하면 당신이 길고 늘어지는 풍성한 드레스를 입는다면 당신 신발은 거의 보이지 않으므로 편한 것을 신는 게 좋다는 얘기다.

웨딩드레스 보관법

완벽한 드레스를 고르고 난 다음에는 그것이 몇 년 동안 계속 아름답게 유지되기를 바랄 것이다. 드레스를 보존하는 것(언젠가 당신의 여동생, 딸, 혹은 조카가 입을 수도 있다)은 단순히 행거에 걸어 옷장 깊은 쪽에 걸어놓는 것 이상이다. 심한 얼룩이 묻지 않는 한 보관 전에 드라이클리닝을 할 필요는 없다. 큰 박스 하나를 구하고(살 때 드레스가 들어 있던 박스면 더 좋다) 드레스 소매나 스커트 안에 티슈페이퍼를 채운다. 제대로 채웠다면 드레스 안에 몸이 들어가 있는 것처럼 보일 것이다. 그런 다음 드레스를 잘 접어 박스에 넣고 사방을 강력한 테이프로 붙인다. 어떻게 싸느냐보다 더 중요한 것은 어디에 놓느냐이다. 따뜻하고 습기가 많은 곳은 컬러가 변하고 원단이 약해질 수 있으니 어디건 시원하고 건조한 곳에 보관하도록 하라.

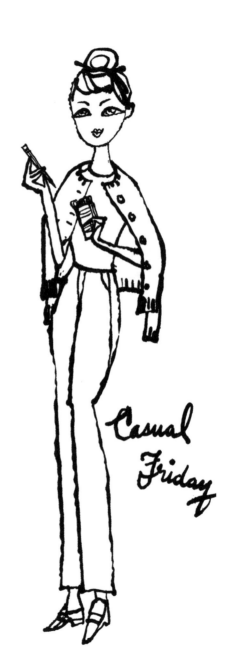

Casual
Friday

Chapter 6

편한 옷차림도
시크하게

THE DRESSING–DOWN DILEMMA

1
캐주얼
프라이데이

WHAT IS CASUAL
FRIDAY?

옷을 편하게 입을 때 해야 할 것과 하지 말아야 할 것

캐주얼 복장도 멋져 보일 수 있다는 것(또 그래야 한다는 것)을 기억하라.

- 침대 옆 의자에 걸려 있던 아무 옷이나 집어 입지 마라.

- 뒷모습을 확인하는 것을 잊지 마라.

- 당신의 팬티 라인이 보이는 레깅스(또는 다른 어떤 옷이든)는 입지 마라.

- 흙 묻은 스니커즈를 그냥 신는다고 해서 잘 만든 팬츠 슈트가 캐주얼하게 보일 것이라고 생각지는 마라.

- 헤어 컬러나 화장을 한 톤 죽여 캐주얼 스타일과 어울리게 하라(새빨간 컬러보다는

캐주얼한 패션의 의미

1970년대에 직장에 다니는 여성들이 많아지면서 그들은 새로운 사무실과 자신의 역할에 어울리는 옷을 입기 위해 가장 분명한 해결책을 고안해냈다. 즉, 남성들이 몇 세대 동안 직장에서 입었던 옷을 카피했다. 정장, 옥스퍼드 셔츠, 넥타이 등. 한 가지 다른 것이 있다면 남성들의 정장 바지 대신 여성들은 무릎 밑까지 오는 길이의 촌스러운 치마를 입었다는 것이다. 이 시기는 아마도 패션 역사에서 여성들이 가장 매력 없는 시기였을 것이다(그럼에도 이런 현상이 80년대가 훨씬 지나서까지도 지속되었다). 이런 멋 없고 섹시하지 않은 정장에 프린트된 풀라드 천(foulard:얇은 비단) 타이를 맨 여성의 모습은 파워 있는 직장 여성보다는 비행기 승무원의 모습을 떠올리게 했다. 더욱 심각한 문제는 그들이 여성처럼 보이지 않았다는 사실이었다.

그러나 패션은 눈 깜짝할 사이에 진화하여 지금은 어떤 스타일이든 오피스룩으로 가능하다. 요즘은 많은 직장에서 일주일에 한 번은 직원들이 옷을 편하게 입을 수 있도록 허락하고 있다. 많은 여성들은(그리고 아마도 몇몇 남성들이) 회사의 이런 정책에 당황스러워 한다. 그들은 몇 년간 정장으로 옷장을 채워왔기 때문이다. 지루하기도 했지만 어떤 비즈니스 상황에도 대처할 수 있는 옷차림이 준비되어 있었다. 그런데 갑자기 당신에게는 옷을 캐주얼하게 입을 수 있는 자유가 주어졌다.

이 새로운 규칙은 많은 질문을 남긴다. 어떻게 옷을 입는 것이 적절한 것인가? 간부회의나 고객과의 점심 약속에 정말 티셔츠나 카키 바지를 입고 가도 된단 말인가? 다른 사람들은 어떻게 입는가? 비즈니스 정장이 어느 정도 사람들을 같은 스타일이 되도록 하는 반면(학생들이 학교에

자연스러워 보이는 립스틱 컬러를 고른다).

- 화장 안 한 얼굴에 머리도 감지 않고 야구 모자를 눌러 쓰는 일은 없도록 하라.

캐주얼하지만 말끔한 옷차림

다음과 같이 입으면 직장에서 비난받을 일은 없을 것이다.

● 베이직한 재킷을 우습게 보지 마라. 진 바지나 흰 셔츠에다 클래식한 블랙이나 네이비 재킷을 걸치면 프로페셔널한 모습이 된다.

● 데님 셔츠를 입어라. 빳빳하고 바래지 않은 데님 셔츠는 블랙 팬츠 슈트와 함께 입으면 좀 더 캐주얼해 보인다.

● 진짜 재킷은 아니지만 재킷 역할을 하는 옷, 즉 재봉선 없는 긴 니트 카디건 같은 옷은 점잖은 느낌을 주되 약간 캐주얼한 느낌을 준다.

● 셔츠 스타일 드레스(너무 짧거나 붙지만 않는다면)는 완벽한 캐주얼 데이 복장이다. 그 위에 살짝 재킷이나 카디건을 걸쳐 주면 더 멋지다.

서 유니폼을 입는 것처럼), 사무실에서의 캐주얼 복장이란 개인에게 너무 자유를 많이 주어 문제다. 어떤 사람은 캐주얼이라 하면 반바지에 티셔츠를 생각하고 또 다른 사람은 재봉선이 없는 팬츠 슈트를 생각할 수 있다. 만약 그 두 사람이 각각 그렇게 입고 비즈니스 미팅에서 만난다면 정말 어색하지 않을까?

아르마니Armani는 이러한 트렌드의 진정한 선구자다. 아르마니는 팬츠 슈트에 최신 유행을 끌어들였고 그 효과는 즉시 나타났다. 아르마니가 여성들이 직장에서 입는 바지를 패셔너블하고 편하면서 시크하게 만들자 모든 가격대와 스타일의 디자이너와 제조업체가 그 전례를 따랐다. 그리고 지금은 모든 이들이 갭Gap으로 가서 같은 룩의 옷을 산다.

그러나 캐주얼이 새로운 것은 아니다. 캐서린 햅번 Katharine Hepburn을 보라. 그녀는 진짜 수십 년 전임에도 바지와 남성 상의를 섹시하고 시크하게 보이도록 만들었다. 다른 게 있다면 그녀는 자기만의 스타일을 만들기 위해 그런 옷들을 입었다는 것이다. 지금은 다른 사람들과 직장에서 같아 보이기 위해 입는다.

명심해야 할 것은 캐주얼이 헐렁한 스타일을 의미하는 것이 아니라는 사실이다. 캐주얼 옷을 입고 있어도 완벽하게 정갈하고 정돈된 듯한 느낌을 줄 수 있다(화장을 약간 하고 어울리는 헤어스타일을 하면 도움이 된다). 그리고 그런 경우에는 비즈니스 무대에도 어울릴 것이다. 또 다른 문제는 사람들이 캐주얼 복장을 지나치게 섹시한 옷과 혼동한다는 것이다. 허리 위까지만 오는 짧은 스웨터와 홀터 상의는 주말에는 완벽하게 멋있지만 그런 과도한 노출은 사무실에서 받아들여지기 어렵다. 만약 당신의 회사가 캐주얼 복장을 입도록 한다면 동료에게서 옷 입는 힌트를 얻어라. 물론 나는 패션이 일률적이 되는 것을 바라는 사람은 아니지만 직장이라는 것은 '적절'이라는 단어가 중요한 유일한 곳이라 생각한다.

가장 안전한 방법은 당신의 상사들이 무엇을 입는지 관찰하는 것이다. 그들 옷을 한 벌 한 벌 다 따라 입으라는 것은 아니다. 하지만 만약 당신의 보스가 항상 깔끔한 바지에 스웨터 세트를 입고 '캐주얼 데이'에 멋진 셔츠를 입는다면 매일 반바지 또는 진 바지만 입는 당신의 복장을 한 번쯤은 뒤돌아봐야 한다.

또 다른 비즈니스 추세는 점점 더 많은 사람들이 재택근무를 한다는 것이다. 과거에 당신이 휴가 때

casual but neat

... never underestimate the power of a basic blazer

입던 옷을 이제 직장에서 입는 것이 가능해졌다면 집에서 일할 때 입는 패션이란 도대체 무엇일까? 집에서 일하는 사람은 옷을 갈아입지 않고 하루 종일 잠옷 가운이나 운동복을 입고 있는 잘못된 습관에 빠질 위험이 크다. 적어도 매일 다른 옷을 입으려고 노력하라. 지난밤에 벗어놓은 트레이닝복이나 레깅스만 입으려 하지 마라. 정장을 입거나 스타킹, 펌프스를 신지 않아도 되는 것은 확실하지만 거울 앞에 서서 적어도 남 앞에 내놓을 만한 옷을 입어라. 여성들이 집에서 일하면서 빠질 수 있는 생각이 "누가 나를 보겠어?"다. 그러나 곧 당신이 집에만 앉아 있지 않고 심부름을 간다든가 사람들을 만나 점심을 먹을 때 비즈니스와 관계된 사람과 우연히 마주치는 일이 생길 것이다. 그러니 당신의 옷차림이 어쩌면 다른 사람들을 위한 것일 수도 있다는 점을 명심하자.

2
티셔츠와
진 바지

다양한 용도의 티셔츠

편하게 옷을 입는다는 개념은 티셔츠의 진화에서 시작된
것 같다. 골프 셔츠도 있고 폴로셔츠도 있다. 그러나 진정
한 티셔츠의 원조는 남성의 속옷이다. 남성들의 속옷이
점점 진화하여 남성, 여성, 아이들 모두에게 없어서는 안
될 필수 용품이 된 것이다. 아직 티셔츠를 크고 헐렁하게
입던 때에 클래식한 갭Gap의 포켓 티는 이러한 트렌드의
선구자였다.

한편 지금은 여성들의 티셔츠가 매 시즌마다 점점 더
작아지고 타이트해지는 것 같다. 어떤 것들은 완전히 작
아 예쁘기도 하다.

티셔츠만큼 다양한 용도로 사용되고, 입을 만하며, 어
디에나 있는 의상 아이템은 찾아보기 힘들다. 사무실에서
아르마니 정장 안에(여성이든 남성이든), 피트니스 센터에

서, 그리고 진 바지와 함께 입은 모습을 볼 수 있고 여러 로고와 당신이 생각할 수 있는 모든 문구들이 새겨진 셔츠 또한 볼 수 있다. 때로 길을 걷다가 사람들 셔츠의 가슴 부분에 거꾸로 새겨진 문구를 읽느라 멈추어 선 나를 발견한다.

전통적으로 면뿐 아니라 벨벳, 새틴, 실크, 캐시미어까지 다양한 소재로 만드는 패션 디자이너들의 셔츠를 섞어 티셔츠 컬렉션을 구성해도 좋다. 이렇게 다양하게 선택할 수 있는데 누가 다른 종류의 상의를 원하겠는가? 여름에는 길이가 조금 긴 티셔츠가 작은 드레스 역할까지도 한다.

흥미로운 건 티셔츠가 대중을 위한 진정한 패션이라는 것이다. 어느 가격대에서나 찾을 수 있기 때문에(3,000원에서 10,000원 사이의 가격에서부터 몇 십만 원대의 디자이너 브랜드까지) 진정 누구나 이용할 수 있는 패션이다. 옷을 잘 입으려고 티셔츠에 큰돈을 투자할 필요는 없다. 좋은 면 티셔츠는 잘만 보관되면(확실히 다림질을 하면 더 좋아 보인다) 재킷 안에 입었을 때 비싼 옷처럼 보인다.

내게 맞는 바지 고르기

캐주얼 하면, 특히 그것이 직장 내 캐주얼 옷차림이라 면 대부분의 여성들은 바지를 떠올린다. 바지를 직장에서 입을 수 있다는 것은 정말 큰 자유다. 책상에 앉아 있을 때 도 편하고, 운전할 때도 편하며, 이 미팅에서 저 미팅으로 뛰어다닐 때도 덜 불편하다. 남성들이 아마 가장 잘 알 것 이다. 그런데 폭이 넓거나 좁은 것, 탄력 있는 것, 주름진 것, 그리고 앞이 평평한 것 등등, 그 스타일은 정말 다양하 여 고르기가 힘들다.

나의 대답은 간단하다. 당신이 입어서 어울리는 것을 골라라. 유행하는 스타일을 고려할 수도 있지만 (보통 시즌 마다 가장 핫한 바지 스타일이 있다) 당신 몸매를 돋보이게 하 는 바지를 고집하지 않으면 결국 우스꽝스럽게 보이는 바 지를 입게 될 수 있다.

바지는 입었을 때 핏이 잘 떨어지기가 정말 어렵다. 그 래서 나는 핏이 좋고 예뻐 보이게 하는 바지를 찾으면 한 벌만 사지 말고 두세 벌 사놓을 것을 권한다. 다음에 당신 이 또 사러 가면 그땐 이미 없다. 캐주얼 스타일 바지는 나 이도 크게 상관이 없어 보인다. 유아부터 할머니까지 같 은 스타일을 입을 수 있다. 베이비 갭을 보라. 부모님의 진 바지, 티셔츠, 카키 바지를 그대로 축소해 놓은 것 같은 스

타일들이다.

모두에게 사랑받는 진 바지

캐주얼 스타일은 나이에서부터 경제 사정까지 모든 장벽을 뛰어 넘는다. 예를 들어 진 바지를 보자. 그 옛날 농부들이 현재의 우리들이 자신이 일할 때 입던 바지를 입고 돌아다닐 줄 알았을까? 싼 가격도 좋지만 마치 티셔츠처럼 모든 상상할 수 있는 컬러와 원단으로 나와 모두 입을 만하다. 탄력 있는 블랙 진 바지는 직장에서 재킷과 함께 입으면 편하고 캐주얼한 느낌이 나서 좋다. 벨벳이나 탄력 있는 새틴 진 바지는 실크 블라우스나 티셔츠, 부드러운 스웨터와 함께 입고 휴일 모임에 나가면 좋다.

이렇게 진 바지는 낮은 위치에서 출발했지만 지금은 모든 종류의 행사에서 입을 수 있는 가장 시크한 바지로 발전했다. 디자이너들은 베이직한 데님을 살리려고 많은 노력을 쏟았다. 가장 새로운 스타일은 소위 '로 라이즈(low rise)'이다. 배꼽 아래에서부터 바지가 시작되어 밑위가 짧은 바지인데 나는 아직도 이런 옷을 입은 여성들에게 익숙하지가 않다.

생각해 보라. 그 옷을 입고 앉게 되면 상상할 것을 남기지도 않고 엉덩이 골이 다 보이게 된다. 물론 로 라이즈 바지는 몸을 위아래로 확 자르는 느낌을 주지 않아 배나 엉덩이를 확실히 덜 나와 보이게 한다. 그러니 살짝 밑위가 짧게 재봉된 바지를 입으면 정말 예뻐 보일 수 있다.

디자이너들은 진 바지가 어떤 체형에도 잘 어울리게끔 좋은 방법들을 많이 생각해 내는 것 같다. 어둡게 염색된 바지(흔히 재봉선 부위가 닳은 듯한 룩과 함께)는 입으면 매우 날씬해 보인다. 그리고 주머니의 위치가 정말 중요하다. 뒷주머니의 위치는 과학적으로 정해진다. 최고의 뒷모습을 위해 너무 작거나 너무 낮거나 너무 넓은 주머니는 피하도록 하라.

편한 느낌의 새로운 스트레치 원단의 개발로 최근에는 편하면서도 더욱 멋져 보이게 되었다. 핏이 잘 맞고, 슬림해 보이며 원래 날씬한 몸매를 더욱 돋보이게 하는 그런 바지들을 이제는 찾아보기가 쉽다. 캐주얼이라는 이름 뒤에 숨지 마라. 릴랙스 스타일이라는 명목 하에 배기 바지, 아주 큰 옷, 남편이 입다 버린 옷을 입지는 마라.

아주 흔한 레깅스를 하나 사서 자꾸 입어 익숙해질 수 있는지 보라. 살이 많은 여성들은 레깅스를 입으면 날씬해 보인다. 힘들어도 다리를 끼워 넣으면 그것이 당신 몸을 잡아준다. 마치 매우 좁게 만들어진 침대에 몸을 맞춰 눕는

것과 같다.

물론 껴입는 것을 싫어하는 사람들을 위한 옷은 아니다. 그러나 스트레치 원단은 입으면 늘어나고 벗으면 줄어든다. 몇 번 입으면 당신의 몸에 잘 맞게 될 것이다.

3

활용도 높은
스웨터 세트

만능 아이템 스웨터

나는 스웨터에 관해서라면 책 한 권을 써도 모자랄 것이다. 스웨터는 베이직하고 그러면서도 매우 패셔너블하다. 집에서도 입고, 직장에 갈 때도 입으며, 저녁 약속에도 입는다. 편하게 입을 때도 쓰이지만 또 끝내주게 차려 입을 때도 쓰인다. 블랙 타이 파티에조차도 입고 나간다. 어떤 다른 아이템이 이러한 모든 역할을 다 할 수 있겠는가. 나는 스웨터와 사랑에 빠진 여성들을 알고 있다. 그들은 자신의 스웨터 컬렉션을 위해 어느 가격대의 스웨터라도 살 것이다. 그들에게 스웨터는 옷이 아니라 도자기나 인형처럼 수집 대상물이다.

스웨터를 갖춰 나갈 때는 당연히 블랙과 같은 베이직한 컬러에 심플한 스타일인 풀오버부터 시작하는 것이 좋다. 크루넥, 터틀넥, 브이넥, 주얼넥(jewel neck:목 근처에서

둥그렇게 파인 네크라인-옮긴이), 또는 당신이 좋아하는 어떤 스타일이든 고를 수 있고 면부터 시작하여 메리노 울, 실크, 캐시미어까지 다양한 소재로 고를 수 있다. 당신은 스웨터를 바지, 스커트, 진과 함께 입을 수도 있고 스웨터만 입을 수도 있으며 재킷 안에 받쳐 입을 수도 있다. 장담하건대 당신이 가진 다른 어떤 옷보다 스웨터를 제일 많이 꺼내 입을 것이다.

또 스웨터에 카디건을 더해보라. 그러면 스웨터 세트를 갖게 되고 그것은 스웨터를 코디할 때 더 많은 선택을 가능하게 한다. 둘을 함께 입을 수 있을 뿐 아니라 카디건은 재킷 대신 사용할 수도 있고 일 년 내내 어깨에 살짝 둘러 간편히 가지고 다니면서 춥다 싶으면 입을 수 있다. 스웨터의 활용 빈도와 다양한 용도로 말하자면 블랙 드레스의 필요성만큼이나 크다고 하겠다.

캐시미어 스웨터를 갖추자

당신이 살 수 있는 한도 내에서 가장 럭셔리한 느낌의 스웨터를 사라. 모든 여성들은 럭셔리하고 비싼 것이든 아울렛 매장에서 산 것이든 캐시미어 스웨터를 갖고 싶어 할 것이다. 그러한 스웨터들은 유행도 타지 않으니 진짜 환상적인 투자다.

캐시미어는 품질에 차이가 있다. 모든 캐시미어가 다 그렇게 부드럽지만도 않고 생각만큼 오래가지도 않는다. 물론 내가 아는 몇몇 여성들은 대학 때 구입한 캐시미어 스웨터를 수십 년이 지난 지금까지도 완벽한 상태로 자랑스럽게 보관하고 있다. 그러나 많은 경우(아무리 비싼 것이라도) 몇 계절 지나지 않아 보풀이 생기고 모양이 일그러지기 시작한다.

당신이 스웨터를 좀 안다면 만져만 보아도 차이를 알 수 있을 것이다. 그 차이는 털의 퀄리티와 얼마나 깨끗한지와 관계가 있다. 실의 무게와는 꼭 관계가 있는 건 아니다. 최고의 캐시미어는 스코틀랜드산이다. 중국산과 비교해 본다면 중국산이 다른 종류의 털을 가지고 있다는 것을 알 수 있다. 아마도 앙고라일 것인데 피부에 닿았을 때 훨씬 덜 부드럽다. 불행히도 많은 제조업체가 털의 원산지를 라벨에 표시하지 않으므로 당신 손의 감각을 믿어야 한다.

캐시미어 스웨터는 두 가닥으로 꼰 실 혹은 네 가닥으로 꼰 실로 짜는데 몇 가닥이냐가 퀄리티를 결정하지는 않는다. 어떤 것이 더 무겁고 가벼우냐의 차이뿐이다. 어떤 사람들은 무겁고 완전한 캐시미어를 너무 숨 막힌다고 말한다. 또 어떤 이들은 알레르기가 있다고도 한다. 만약 그렇다면 실크와 캐시미어 혼방 또는 좋은 메리노 울 스웨터를 찾아보라. 둘 다 캐시미어처럼 럭셔리한 느낌이며 내구성도 강하다.

스웨터를 구입할 때 주의할 점

스웨터를 구입할 때는 당신에게 꼭 맞는지 반드시 피팅룸에서 입어보고 사야 한다. 실제로 많은 여성들이 입어보지도 않고 매대에서 스웨터를 집어 들고 카운터로 가는 것을 본다. 그것은 큰 실수다. 왜냐하면 모든 스웨터가 똑같이 만들어지지 않기 때문이다. 사이즈, 소매길이, 네크라인 위치, 입었을 때의 기장까지, 입어보지 않고는 알 수 없다.

당신이 가슴이 크다면 짧은 스웨터는 입어보지도 마라. 상체가 뚱뚱해 보인다. 그리고 아래 부분에 바인딩(옷의 밑단 등을 둥그렇게 박아 처리한 부분)이 있는 스웨터를 살 때는 어떤 여성이든(그녀들의 몸매가 좋건 아니건) 조심해야 한다. 아래 부분 바인딩 때문에 스웨터를 입었을 때 떨어지는 핏이 대부분 좋지 못하다. 당신도 입었을 때 허리가 다 보이는 것을 원하지는 않을 것이다. 당신이 완벽하지 못한 몸매를 가리고 싶다면 엉덩이 밑까지 내려오는 길고 슬림하면서 밑에 바인딩이 없는 스웨터를 고르라. 그런 스웨터와 스트레이트 스커트나 슬림한 바지를 입으면 길고 날씬한 모습이 나온다.

상체는 좀 살이 있으나 다리가 날씬한 여성의 경우 이렇게 입는 것이 아주 좋다. 캐시미어는 배와 엉덩이를 가리기 좋다. 왜냐하면 울은 몸에 달라붙지 않기 때문이다. 반면 어떤 실크, 면, 셔닐 니트 등은 모든 올록볼록한 군살 부위에 딱 달라붙는다.

물론 스웨터가 유행에서 완전히 벗어나는 일은 없지만 트윈세트(twin set: 카디건과 스웨터의 앙상블 – 옮긴이)가 다시 유행하는 것은 패션이 점점 타이트해지고 있는 결과다. 디자이너들이 재킷을 너무 딱 붙게 재단하자 몇 년 전 칼 라거펠트Karl Lagerfeld는 그의 샤넬 재킷 안에 입어야 할 특별한 코르셋을 개발해야 했다.

옛날에야 스칼렛 오하라의 속옷 같은 것이 있었지만 지금은 살이 많고 가슴이 크며 하루 종일 사무실에

SECRETS OF A FASHION THERAPIST

스웨터 세트의
여섯 가지 사용방법

1. 배나 등이 너무 드러나는 드레스를 입었을 때 카디건을 허리에 둘러주어 가린다.

2. 카디건의 소매부분을 둘둘 말아 바람이 불 때 목에 스카프 대신 둘러준다.

3. 크루넥 스웨터를 소매 없는 드레스 안에 입어 새로운 스타일의 점퍼스커트로 입는다.

4. 스웨터를 소매 없는 드레스나 짧은 소매 드레스 위에 입

앉아 있어야 하는 많은 여성들이 그런 작은 재킷 안에 몸을 구겨 넣을 수가 없다. 그들 중 많은 이가 그렇게 하길 원하지도 않을 것이다. 그러므로 재킷을 입길 원하지 않는 직장 여성은 바로 스웨터 세트가 해결책이다. 길고 슬림하며 모양새 있는 카디건은 사무실에서 충분히 재킷을 대신할 수 있다.

팔방미인 스웨터 세트

당신의 트윈 세트를 과감히 갈라놓고 다른 옷들과 믹

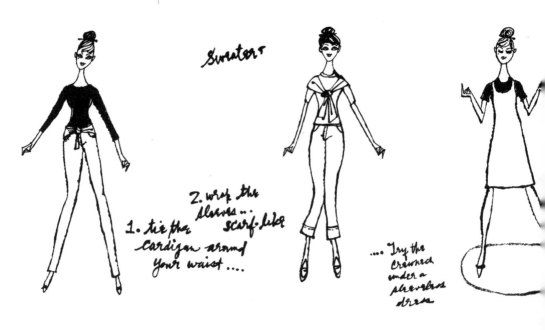

Sweater

1. tie the cardigan around your waist ....

2. wrap the sleeves .. scarf-like

.... Try the crewneck under a sleeveless dress

스 앤드 매치하라. 크루넥 스웨터는 재킷 안에, 블라우스 위에 입을 수 있다. 카디건은 버튼을 모두 잠가 하나만 입어도 좋고, 모든 종류의 블라우스, 티셔츠 위에 입을 수 있다. 재킷 안에, 혹은 재킷 대신 입을 수도 있고 심지어 카디건 위에 얇은 가죽 벨트를 허리에 살짝 묶어 주어도 좋다. 그리고 이렇게 믹스 앤드 매치를 할 때는 꼭 컬러를 여러 방향으로 실험해보라. 마음에 드는 컬러로 스웨터 하나 산 것이 잘못되어 봤자 얼마나 잘못되겠는가?

50년대에는 가장 아름답고 럭셔리한 이브닝 스웨터가

어보라. 새로운 치마와 스웨터의 조합이 된다.

5. 카디건만 입고 위쪽 단추 몇 개는 잠그지 말 것. 섹시해 보일 것이다.

6. 스웨터 세트를 입건 아니면 스웨터나 카디건을 하나씩 입건 크러시트 벨벳(Crushed velvet: 낡은 듯, 혹은 구겨진 듯한, 희끗희끗한 벨벳—옮긴이) 치마와 매치시켜 입는다. 칵테일파티 등에 가도 손색이 없는 옷차림이다.

5.

6.

1.

.... wear the cardigan alone, unbuttoned

.. Slip the crewneck on OVER a sleeveless dress ...

.. pair one or both pieces with a slinky satin ... skirt

있었다. 보통 캐시미어 원단이고 비드, 정교한 자수, 진주나 스팽글로 덮여 있었다. 지금은 중고 할인 판매점이나 골동품 전시회 때 빈티지 의류 숍, 혹은 벼룩시장에서나 찾아볼 수 있다. 만약에 하나 살 의향이 있다면(누가 사기 싫겠는가) 사기 전에 꼼꼼히 살펴보라.

싸게 파는 물건처럼 보이지만 만약 비드가 떨어져 있거나 자수 부분에 구멍이 나 있다면 그것을 메우거나 수리하는 데 많은 돈이 든다. 그렇다면 그것은 이미 싼 물건이 아닌 것이다. 이런 정통 이브닝 스웨터 대신에 좀 분위기 있는 모임을 위해 당신이 이미 가지고 있는 스웨터를 창의적으로 입어 보라. 평범하건 목에 딱 맞건, 크루넥이건 브이넥이건 당신이 가진 스웨터에 진주 초커나 커다란 실버 혹은 골드 체인 목걸이를 걸쳐보라. 그런 다음 섹시한 치마나 반바지와 함께 입으면 저녁 모임에 섹시한 미니 복장으로 훌륭할 것이다.

그리고 스웨터를 전통적인 관념의 상의로만 생각지 마라. 스웨터와 같은 편안한 실로 짠 치마, 드레스, 바지 등 머리끝부터 발끝까지 스웨터 복장을 할 수 있다. 당신이 복잡하지 않은 조깅복을 입기 좋아하는 사람이라면 캐시미어 트레이닝복에 투자해 보라. 똑같이 편한 느낌이지만 사람들에게 훨씬 어필한다.

유일한 문제는 스웨터 타입의 치마나 바지는 곧 헐렁해진다는 것이다. 물론 드라이클리닝을 하면 좀 도움이 되겠지만 진정한 해결책은 비싸더라도 옷을 다시 수선하는 것이다.

Chapter 7

속옷
이야기

THE INSIDE STORY

1

속옷의 위력

> 3층에 있는 베티의 사무실은 북적거림에도 불구하고 아늑하고 환영받는 느낌을 준다. 내가 베티와 있을 때 베티는 언제나 내가 그녀의 유일한 고객인 것처럼 느끼게 해준다.
>
> – 캐시 크론카이트(Kathy Cronkite), 영화배우

속옷이 중요한 이유

몇 년 전 드라마 스타들의 의상팀과 많은 일을 했었다. 그들은 고급스러운 이브닝 가운이나 드레시한 정장 등을 찾았는데 나는 옷보다 란제리를 더 많이 골라준 것 같다. 함께 백화점 안의 란제리 코너를 샅샅이 뒤졌는데 그들은 도발적인 가운, 로브(robe: 실내에서 입는 무릎 아래까지 오는 느슨한 가운 – 옮긴이), 테디(teddy: 슈미즈와 팬티로 이루어진 여성용 속옷, 하반신은 밑에서 똑딱 단추로 채움 – 옮긴이), 캐미솔 등 손에 넣을 수 있는 것은 다 가져가려고 했다.

반면 실제 세계에서는 여성들이 점점 더 그러한 섹시한 란제리들의 도발적인 어필을 잊어가고 있는 것 같다. 다들 캐주얼하게 옷을 입고 속옷에 돈을 많이 안 쓰니 란제리들은 인기가 없어졌다.

그러나 패션이 언제나 그렇듯 유행은 돌고 돌아 주름

장식이 많은 속옷에 대한 관심이 뜨거워지고 있다. 빅토리아 시크릿 Victoria's Secret은 거의 단독으로 사람들의 관심에 불을 지펴 섹시한 란제리로 가득한 초대형 상점을 열고 란제리 패션쇼를 전 세계에 방영하고 있다. 그 계기가 무엇이건 나는 여성들이 자신의 속옷에 대해 생각하는 것을 보면 기쁘다. 물론 낮에는 보이지도 않는 속옷에 돈을 많이 들이려 하지 않는다는 것을 이해하지만 멋진 란제리를 입으면 스스로 더 여성스럽게 느껴지는 것이 사실이다. 만약 당신이 화려한 이브닝드레스를 입을 기회가 없다면 아름다운 실크 나이트가운이라도 가끔 입어보는 것은 어떨까.

확실히, 럭셔리한 네글리제 등을 포함하여 란제리 종류를 갖춰 입는다는 건 바쁜 현대생활에서 조금은 한물간 느낌이 들 수 있다. 사람들은 그런 것에 돈이나 시간을 낭

비하고 싶지는 않을 것이다. 대부분의 여성들은 옷, 머리, 화장, 손톱 등 바깥쪽을 꾸미느라 어마어마한 돈을 쓴다. 우리 몸과 가장 친근한 부분인 속옷에는 신경을 덜 쓰게 된다. 디자이너 브랜드 옷에는 눈 하나 깜박하지 않고 몇 백 만원을 쓰면서 4만 원짜리 브래지어를 사면서 망설이는 것을 보면 참으로 놀라지 않을 수 없다. 이 비싼 겉옷을 벗으면 그야말로 너덜너덜한 브래지어와 팬티를 입고 있

으리라. 그들 중 몇몇은 오래전에 산 브래지어를 착용하고 있지 않을까. 당신이 그 브래지어를 살 때 얼마였는지, 얼마나 좋은 것이었는지 모르겠지만 아마도 그렇게 오래 사용할 것을 염두에 두지는 않았으리라. 그런데도 고무 밴드가 탄력을 다 잃을 때까지 속옷을 다시 살 생각을 하지 않는 것이다.

왜 예쁜 속옷을 입으면 안 될까? 속옷은 매일 당신이 제일 먼저 입는 옷이요, 겉옷의 실루엣을 잡아주는 기초임에도 말이다. 다른 모든 겉옷은 진정 하나의 겉껍데기

에 지나지 않는다. 예쁜 속옷은 입어서 기분 좋을 뿐만 아니라 옷을 갈아입을 때 덜 부끄럽게 해준다. 내 고객들은 내 앞에서 옷을 갈아입으며 자신이 입은 속옷(혹은 입지 않은 속옷)에 대해 변명을 늘어놓는다. 그럼 나는 "뭘요, 다들 그렇죠." 하고 말하지만 만약 훌륭한 속옷을 입고 있는 고객들이라면 변명을 할 필요도 없을 것이다.

어린 시절 어머니와 쇼핑 다닐 때 어머니가 항상 깨끗한 속옷을 입게 했던 것이 기억난다. 옷가게 직원이 헌 속옷을 입은 나를 보지 않게 하려고 말이다. 깨끗한 속옷에 관한, 조금은 과격하지만 '당신이 언제 버스에 치여 넘어질지도 모르니 깨끗한 속옷을 입어'는 표현이 있다. 물론 엎어져서 치마가 머리까지 뒤집어져 속옷이 다 노출된 불쌍한 영혼의 사진을 뉴스 등에서 본 적은 없지만, 누구라도 상상해 볼 수 있는 악몽 아닐까?

2
브래지어도
입어보고사라

브래지어가 왜 중요한가

60, 70년대의 여성 운동과 히피족의 시대를 지나 여성들은 두 진영으로 나뉜 듯하다. 한 쪽은 비싼 겉옷과 달리 안에는 너덜너덜해진 오래된 속옷을 입는 여성들이고, 다른 한 쪽은 여성스럽고 주름 장식이 많은 속옷의 유혹에 저항하지 못하는 여성들이다. 원더브라와 다른 패드가 들어간 사치스러운 브래지어에 흥분하는 여성들은 바로 이 후자 쪽이다. 처음 원더브라가 나왔을 때 전국의 백화점은 밖에까지 줄을 선 사람들로 붐볐다. 내 생각엔 언제든 가슴이 유행의 초점이 되면(사실 항상 그렇다), 정교한 브래지어 또한 유행을 하는 것 같다. 왜냐하면 브래지어는 어느 가격대라도 성형수술보다는 싸기 때문이다.

나는 돈을 잘 쓰려고 하지 않는 여성들 중에도 사치스러운 브래지어를 기꺼이 사려고 하는 사람들이 많다는 것

을 알고 놀랐다. 얼마 전에는 이렇게 말하는 고객도 있었다. "제가 왜 이러는지 모르겠어요. 십만 원 가까이 주고 브래지어를 하나 샀는데 좀 더 사려고 여기 또 왔어요!"

만약 여성들이 곡선이 풍부하고, 레이스가 많으며 지나치게 복잡한 그런 브래지어와 또 그에 매칭되는 팬티에 관심이 없다면 확실히 빅토리아 시크릿도 그토록 큰 사업을 벌이지는 않을 것이다. 나는 여성들의 가슴에 대한 관심을 남성을 위한 것이라 보지 않는다. 물론 내가 그들의 침실에 들어가 본 것은 아니지만 여성스러운 속옷을 구매하는 것은 진정 여성이 자신감을 키우기 위한 것이라 생각한다. 그리고 아무리 비즈니스 정장을 차려입고 있다 해도 살에 닿는 바로 그곳에 실크 브래지어 또는 캐미솔을 입고 있다면 그보다 더 기분 좋은 일은 없을 것이다.

많은 여성들이 잘 맞는 브래지어가 없어서 고민한다. 그런데 잘 맞지 않는 브래지어를 했을 때만큼 불편하거나 매력 없이 보일 때도 없다. 문제는 파는 사람들이 거의 브래지어를 모르고 팔기 때문이다. 브래지어에 대해 잘 알려면 실제 손님들에게 입혀 봐야지 카운터 뒤에서 어디에 뭐가 있다고 알려주기만 해서는 안 된다. 백화점 속옷 코너에서 고객이 안내도 받지 못하고 혼자 골라야 한다는 것은 매우 난감한 일이다. 그래서 작은 란제리 숍이 필요한 것이다. 커다란 백화점의 란제리 코너에서 맞는 브래지어를 찾기 힘들다면 작은 브래지어 숍에 가서 당신에게 편하고 매력적인, 잘 맞는 브래지어를 골라줄 사람을 찾아보자.

그러나 이것은 시작에 불과하다. 스타일이 다르면 브래지어의 핏이 다 다르고(그러므로 브래지어도 착용해보고 사야 한다), 또 당신의 가슴 사이즈도 변한다. 살이 찌거나 빠지면, 또 임신을 했거나 수유를 막 끝냈다면 당신의 가슴은 엄청난 사이즈 변화를 겪는다. 이렇게 가슴이 크게 달라질 경우마다 당신 스스로 재어보고 정확한 브래지어 사이즈를 알아놓는 것이 좋다. 또는 가게로 가서 아는 점원의 안내로 당신의 가슴 사이즈를 재어볼 뿐 아니라 스타일도 어울리는 것을 골라 살 수 있다면 더욱 좋을 것이다.

많은 사람들이 자신의 속옷에 신경을 쓰지 않는다. 그러나 몸에 잘 맞는 브래지어는 옷보다 더 중요하다. 나는 내 고객들에게 옷을 입혀주기 전에 그들에게 맞는 브래지어를 착용하고 오라고 돌려보낸 적이 많다. 속옷은 확실히 당신의 옷차림에 지대한 영향을 준다. 예를 들어 어떤 여성들은 그냥 면 티 안에 레이스가 많고 복잡한 브래지어를 착용하는데 이것은 진짜 보기 흉하다. 또는 푸시업 브래지어에 집착한 나머지 자신이 전체적으로 어떤 룩

브래지어와 팬티 관련 용어

자신이 어떤 사이즈를 착용하는지 아는 것만으로는 충분하지 않다. 브래지어의 모양과 스타일이 천차만별이기 때문이다. 다음은 당신에게 필요한 잘 맞는 브래지어를 고르기 위해 당신이 알고 있어야 할 란제리 용어들이다.

- **패딩 브래지어**: 이것은 보통 전체에 패드로 된 컵(얇거나 두꺼운)이 붙어 있다. 자신의 가슴을 커 보이게 하고 싶은 모든 여성에게 가장 좋다. 그리고 젖꼭지가 비치지 않길 원할 때 타이트한 상의 안에 착용하기 좋다.

- **푸시업 브래지어**: 원더브라처럼, 대부분의 푸시업 브래지어도 엑스트라 패드와 와이어가 들어간 브래지어다. 잘 맞는지 보기 위해서는 패드를 넣고도 착용해보고 빼고도 착용해보라. 가슴골을 보이고 싶은 여성들에게 가장 좋다.

- **데미컵 브래지어**: 가슴 전체를 덮는 컵 대신 반 정도만 가리는 컵과 넓은 스트랩을 가진 브래지어로 양 옆에서

을 만들어내는지 알지 못하는 것 같다. 푸시업 브래지어에 의해 가슴 위쪽만 불룩한 덩어리를 지닌 것처럼 보인다는 사실을 왜 모를까. 만약 그녀가 많이 파진 상의를 입는다면 가슴골이 잘 보여 매우 풍만해 보일 수 있지만 그러한 가슴 살 덩어리가 셔츠 안에 갇혀 있으면 몹시 우스꽝스럽게 보일 수 있다.

잘 맞는 브래지어 고르는 법

불행히도 브래지어가 당신의 옷 안에서 어떻게 보이는지 알려면 실제로 그것을 입어보는 방법 외에는 없다. 그래서 나는 고객이 브래지어를 착용해보고자 할 때를 위해 얇고 딱 붙는 스웨터나 타이트한 셔츠를 준비해 놓는다. 그것이 바로 브래지어가 어떻게 보이는지 알 수 있는 쉽고 빠른, 누구나 할 수 있는 방법이다. 입어보는 데 돈도 들지 않는다(또 실수로 잘못 사서 결국 서랍에 넣어 놓게 되는 그런 브래지어를 사지 않게 되니 큰돈을 절약할 수도 있을 것이다). 브래지어는 그것만 착용했을 때는 잘 맞고 예뻐 보일

수 있지만 그 위에 스웨터를 입으면 완전히 이상해 보일 수도 있다. 여성들이 좋아하는 브래지어를 입었을 때 겉옷이 별로 예쁘지 않고 이상해 보이는 경우를 수도 없이 많이 봤다.

그래서 나는 브래지어를 입어볼 때는 여러 장의 셔츠-실크 종류, 딱 붙는 것, 혹은 비치는 것 등-를 함께 가져갈 것을 추천한다. 이것은 복잡한 일처럼 보일지 몰라도 장기적으로는 도움이 될 것이다. 그리고 브래지어 쇼핑은 오직 그것을 목적으로 해야지 다른 아이템을 쇼핑하면서 끼워 사는 일은 없어야 한다고 생각한다. 브래지어를 살 때는 다른 쇼핑은 잊으라.

당신이 만약 드레스처럼 특별한 옷 안에 착용할 브래지어를 사고 싶다면 그 옷을 가져가서 입어보기는 힘들 테니 브래지어를 사기 전에 바꿀 수 있는지 확인하기 바란다. 만약 그럴 수 있다면 사와서 집에서 드레스와 함께 입어보고 괜찮은지 볼 수 있을 것이다. 만약 가게에서 속옷은 바꿔주지 않는다고 하면 당신은 할 수 없이 같이 입을 옷을 가게에 가져가야 한다.

만약 당신이 산 브래지어에 완전히 만족했다면 그것을 입기 전에 한 번 빨아줘야 한다. 그것은 내 어릴 때부터 습관이기도 한데(보통은 어머니가 시키는 대로 하는 것이 맞는

안쪽으로 가슴을 밀어주는 효과가 있다. 풀컵을 채우기 힘든 A나 B컵 여성들에게 좋다.

- **언더와이어:** 가슴 밑에 곡선의 와이어가 들어간 브래지어. 처진 가슴을 받쳐주기 좋다.

- **소프트컵 브래지어:** 언더와이어 없이 만든 브래지어. 가슴 위에 헐렁하게 걸치는 브래지어로 가슴이 작아 받쳐줄 필요가 별로 없는 A컵이나 B컵 여성들에게 좋다.

- **몰드 브래지어:** 이 브래지어는 원단이 가슴의 모양을 그대로 유지하도록 만든 브래지어다. 원단이 견고한 것이라면 가슴을 잘 받쳐줄 것이다. C컵이나 D컵 여성에게 좋다.

- **이음새가 없는 브래지어:** 이음새가 없어 완전히 부드러운 브래지어로 타이트한 상의 안에 착용하기 좋다.

- **프런트 훅 브라:** 브래지어의 훅이 뒤에 있지 않고 앞에 있다. 그런데 훅이 뒤쪽에 있어야 좀 더 조정하기가 쉬우므로 가슴을 그다지 잘 받쳐주지는 못한다. 가슴이 작거나 좀 더 자연스러운 룩을 원하는 여성에게 좋다.

- **레이서 백**: 경주용 수영복 스타일처럼 끈이 뒤에서 Y자로 된 브래지어로서 어깨를 드러낸 스타일의 소매 없는 옷 안에 착용하면 좋다.
- **끈 없는 브래지어**: 어깨끈이 없는 브래지어를 말한다. 허리까지 내려오는 긴 브래지어도 있으며 가슴이 큰 여성에게 좀 더 편하다. 끈이 없거나 얇은 드레스를 입을 때 착용하기 좋다.
- **랩 어라운드 브래지어**: 어깨끈이 길어 원하는 만큼 늘릴 수 있으며 앞 허리부분에서 훅을 채울 수 있다. 등이 파인 드레스나 상의를 입을 때 착용하면 좋다.
- **끈 비키니**: 일반 비키니보다 더 노출된 형태의 수영복(앞과 뒤 삼각형 천을 좁은 고무밴드 등으로 연결한 것이 기본형)
- **끈 팬티**: 지(G)-스트링으로도 알려져 있으며 엉덩이 쪽의 천이 아주 가느다란 조각에 불과하다.
- **로 라이즈 끈 팬티**: 바지의 허리 라인이 낮아지는 것처럼 팬티의 허리 라인도 점점 낮아지고 있다. 이 라인은 엉

것 같다.) 손으로 빨거나 그물망에 넣어 세탁기를 약하게 돌리고 말릴 때는 걸어서 말려라(적절히 잘 관리하면 훨씬 오래 쓸 수 있다). 이렇게 몇 번 세탁하고 나면 브래지어가 당신 몸에 더 잘 맞는 느낌이 들 것이다. 세탁은 브래지어가 너무 봉긋해 보이는 느낌도 줄이고 원단도 부드럽게 해주기 때문에 피부에 닿는 느낌도 더 좋아질 것이다. 브래지어가 너무 봉긋한 것이 싫다면 둥근 재봉 선으로 컵이 있는 브래지어를 살 것을 추천한다. 둥근 재봉 선은 옷에 덜 비치고 브래지어 컵이 당신 가슴을 더 잘 감싸게 한다.

팬티

물론 브래지어가 팬티보다 정확한 핏을 맞추어야 하지만 팬티를 입는 것에도 핏이 중요하다. 즉 팬티는 허리가 너무 꽉 끼어도 안 되고 양 옆 선이 말려들어가도 안 된다. 그러나 많은 여성들이 패션의 금기 사항 중 하나인 '팬티 라인이 보이는 것'을 막기 위해서라면 편안함도 기꺼이 버릴 것이라 생각된다. 오래전 언더올스(Underalls; 여성 속옷 브랜드 - 옮긴이) 광고는 모든 국민의 시선을 끌었다.(속옷 브랜드인 언더올스는 보기 흉한 팬티 라인의 모습을 보여주는 광고를 통해 자사의 팬티 라인이 보이지 않는 속옷의 장점을 강조했다) 새로운 팬티를 입어보고 뒷모습을 거울에 비

처 본 뒤 패닉 상태가 된 표정을 보이는 고객들이 꼭 있는데 그들의 질문은 언제나 '이 팬티보다 더 작은 것이 있을까요?'다.

하지만 정말 당신이 완전 타이트한 (레깅스처럼) 혹은 완전히 딱 붙는 (얇은 저지 스커트나 바이어스 재단된 실크 드레스 같은) 옷을 입고 싶을 때 유일한 방법은 끈 팬티를 입는 것이다. 물론 이렇게 묻는 여성들이 있다. '그 것을 입으면 편할까요?' 나의 대답은 '당신이 판단하세요' 다. 끈 팬티만큼 개인적 선호가 극명히 갈리는 아이템은 없는 것 같다. 어떤 여성들은 정말 좋아하지만 또 다른 여성들은 싫어하고 그걸 입으면 하루 종일 가만히 있지를 못한다. 또 어떤 여성들은 끈 팬티 뒤쪽의 끈이 아주 얇기를 원하고 또 다른 여성들은 그 끈이 조금 넓기를 원한다. 스타킹 안에 그것을 입었을 때는 문제가 덜 해 보이기도 한다. 모든 것이 좀 더 잘 제자리에 붙어 있을 수 있기 때문이다. 아니면 불편한 것이 팬티스타킹 때문인지 끈 팬티 때문인지 분간을 못하는 것일 수도 있다.

그러나 보통의 원단이나 스타일의 옷 안에서는 팬티 라인이 비치지 않고 볼록한 느낌만 주지 않는 팬티라면

덩이뼈보다 높지 않으며 로 라이즈 바지를 입을 때 필요한 팬티다.

- **보이 브리프**: 브리프가 업데이트된 섹시한 버전의 팬티로 엉덩이 밑 부분에 걸쳐져 바로 아래서 끝나는 아주 짧은 반바지로 생각하면 된다. 치마 안에 입으면 편하지만 바지를 입을 때는 라인이 보이지 않도록 주의해야 한다.

괜찮다. 팬티스타킹과 함께 입을 때는 허리까지 많이 올라오는 스타일의 끈 팬티를 입는 것이 좋다. 그러면 팬티스타킹 허리 라인과 끈 팬티 허리 라인 밴드가 겹치지 않아서 입고 벗을 때 고생하지 않아도 된다.

좀 더 부드러운 룩을 살리기 위해 탄력 있는 레이스나 질 좋은 면, 또는 매끈한 마이크로파이버를 입어 보라. 만약 입어보는 것이 귀찮다면 여기 좋은 팬티 테스트 방법이 있다. 팬티를 앞부분이 위로 오게 잘 펴서 테이블 위에 놓았을 때 다리 구멍이 V자로 보인다면 그 팬티는 입었을 때 라인이 보일 수 있다(또 입었을 때 자꾸 말려드는 느낌을 줄 가능성도 있다). 반면에 다리 재봉선이 동그랗고 살짝 안으로 말려드는 것같이 보이면 입었을 때 좀 더 자연스럽고 편할 것이다.

브래지어와 팬티가 하나로

매일 아침 두 가지의 속옷을 입는 것이 귀찮은 사람들을 위한 좋은 옵션이 있다. 바로 보디 슈트인데 이는 브래지어와 팬티를 합쳐놓은 속옷이다. 브래지어와 팬티를 각각 입었을 때는 브래지어 아래선과 팬티 허리선에 이중으로 눌려 답답했으나 그게 없으니 얼마나 편하겠는가. 그러나 이것은 핏이 잘 맞기가 더 어렵다. 우리 중 가슴과

힙, 허리의 균형이 맞는 사람이 얼마나 되는가? 게다가 보
디 슈트는 브래지어 사이즈에 맞게 나오기 때문에 당신
가슴에 맞는 보디 슈트를 고르면 나머지 보디 부분은 사
이즈가 맞지 않아도 감수해야 한다. 이때 가장 좋은 방법

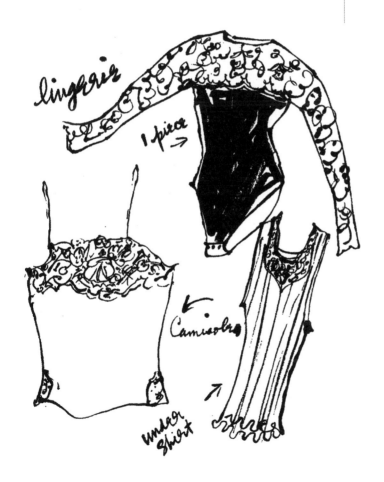

은 신축성 있는 보디 슈트를 고르는 것이다. 그러면 허리
나 엉덩이 부분은 그런대로 맞출 수가 있다. 그러나 얼마
나 신축성 있는지는 차치하고 당신이 키가 175cm가 넘는
장신이라면 당신의 긴 상반신에 맞는 보디 슈트를 찾기
어려울 것이다.

또 다른 브래지어 혹은 팬티의 대안은 탭 팬츠tap pants
와 캐미솔이다. 탭 팬츠는 다소 느슨한 핏으로 나오며 부
드러운 원단으로 만들어지는 속옷으로 팬티라기보다는
짧은 반바지와 비슷하다 (사실, 꼭 팬티 대용으로 입지 않아도
된다. 팬티 위에 추가적으로 입어도 된다). 나의 고객들 중 다수
는 탭 팬츠를 반 슬립 정도로 여기고 짧은 치마 안에 입는
다. 그리고 캐미솔은 브래지어를 착용하기를 원하지 않는
가슴이 작은 여성에게 제격이다. 또는 브래지어 위에 입
어도 좋다. 나는 따뜻하라고 상의 안에 속셔츠처럼 입는
다. 살짝 까슬거리는 스웨터 안에 입어도 좋으며 캐미솔
스타일에 따라서는 많이 파인 버튼 블라우스나 카디건,
재킷 안에 착용해 살짝 보이게 연출할 수도 있다.

3

기능성 속옷의
모든 것

'거들'이라는 단어는 이제 거의 옛말이 되어 젊은 여성들
이 과연 이것이 무엇인지 알까 궁금해진다. 그런데 예전
에는 거들이 필수였다. 아무도 절대 그것을 입지 않고는
집 밖을 나가려 하지 않았다. 그러나 팬티스타킹이 나오
면서부터는 모든 것이 바뀌었고 정숙한 귀부인 같은 여성
조차도 입었을 때 고통스러운 이 거들을 벗어 던졌다. 슬
립도 마찬가지다.

그런데 사람들이 거들도 슬립도 입지 않고 브래지어
도, 심지어 팬티도 입지 않고 돌아다니는 이런 자유를 누
리는 가운데 새로운 하이테크 라이크라 보디 셰이퍼가 혁
명을 일으키며 등장했다. 보디 셰이퍼는 작은 반 슬립 형
태로 팬티는 배를 조여 주고 힙은 올라붙어 보이게 하며
허벅지는 날씬하게 보이게 한다. 옷은 점점 더 몸에 딱 맞
게 만들어지는데 우리의 늙어가고 있는 몸은 그 페이스를

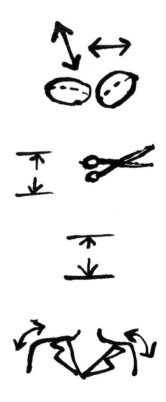

따라가지 못하는 것 같다. 물론 젊고 날씬한 44사이즈 여성들도 딱 붙는 드레스 안에 부드러운 느낌을 주기 위해 이러한 속옷을 사 입는다. 올인원 스타일의 속옷은 당신의 살이 아닌 속옷이나 스타킹 때문에 생기는 올록볼록한 부분을 커버할 수 있어 좋다.

그러나 보디 슈트에도 하나의 문제가 있다. 바로 때때로 착용하기가 불편하다는 단점이 있는 것이다. 그러나 나는 가벼운 라이크라 소재의 보디 슈트를 정말 사랑한다. 당신은 훨씬 날씬해진 느낌을 받을 수 있을 것이다. 좀 더 자주, 아마 매일매일 입을 수도 있을 것 같다.

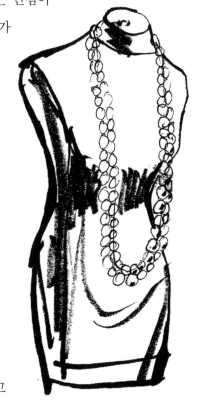

그러나 두어 번 보디 슈트를 입고 화장실에 갇혀 있었던 적이 있었다. 이브닝드레스를 입고 있으면 보디 슈트를 아래에서 잠그도록 되어 있는 고

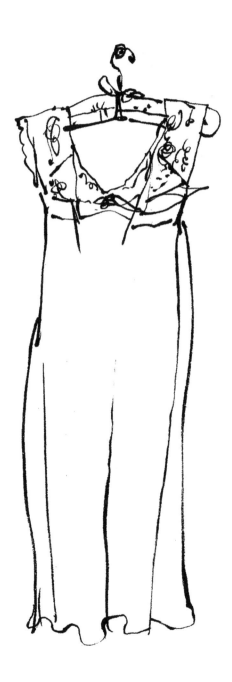

기능성 속옷에 기대기 전에 자신을 컨트롤하라

그렇다. 보디 슈트와 기능성 속옷은 훌륭한 기능을 한다. 그러나 그것들이 기적을 만드는 것은 아니다. 당신이 기대할 수 있는 결과를 모두 충족시키지는 못한다. 현실을 직시하고 다음과 같은 것들을 체크해 보자.

● 좀 작은 듯한 드레스를 입을 때 보디 슈트를 입어주면 겨우 드레스에 몸을 넣을 수는 있을지 몰라도 당신의 사이즈를 66에서 44로 바꿔주는 것은 아니다.

● 등에 붙은 살을 보디 슈트로 어느 정도 평평하게 해준다지만 다이어트, 운동, 성형수술이 아니고서는 거대한 덩치를 줄일 수는 없다.

● 기능성 속옷이 당신이 운동 기구 위에서 보내야 할 시간을 대신해주지는 않는다.

● 가장 타이트한 웨이스트 신처(waist cincher— 웨이스트를 가늘게 조절하고 또 스타킹을 치켜 올린다든지 하기 위한 거들—옮긴이)조차도 당신 허리를 19인치로 만들 수는 없다.

무 밴드를 잡아당기기가 어렵기 때문이다. 이런 일이 있을 때 누구에게 도와 달라 할 수도 없고 참 곤란하다. 고장난 지퍼까지는 아닐지라도 말이다.

기능성 팬티의 좋은 점은 당신이 입기 원한다면 어디서든 쉽게 구할 수 있다는 것이다. 항상 밖에서 일해야 하는 여성 중 살이 많은 여성들은 타이트한 스커트 안에 피트니스 센터에서도 뺄 수 없는 출렁이는 뱃살을 눌러주기 위해 이러한 속옷을 입을 것이고 좀 더 몸집이 큰 여성들은 전체적으로 몸을 잡아주고 날씬해 보이기 위해 입을 것이다.

이러한 셰이퍼가 점점 인기를 얻자 옷 제작업체들은 문제가 있는 부분을 집중적으로 커버해주는 셰이퍼들을 만들고 있다. 배 부분을 조절할 수 있는 패널이 붙은 하이웨이스트 브리프, 허벅지 살을 숨길 수 있는 긴 라인의 속바지 혹은 더 길어서 불룩한 무릎 살도 눌러줄 수 있는 속옷 등. 무엇을 고르든 기본 효과는 같다. 딱 붙는 옷을 입었을 때 울퉁불퉁한 부분이나 속옷 라인 없이 매끈한 실루엣을 연출할 수 있는 것이다.

● 옷은 재봉선에 따라 몸의 모양을 살려준다. 예를 들어, 재봉선이 엉덩이 중간까지 오는 바이크 반바지는 엉덩이를 둥그렇게 보이게 해준다. 그러나 재봉선이 없는 기능성 속옷은 몸을 밋밋하게 보이게 할 수도 있다.

Chapter 8

옷 보관과
관리법

1
옷장 청소와 공간 활용

> 나와 베티가 의상에 관해 상의할 때면 그녀는 항상 내가 하는 말을 정확히 이해하여 우리는 쉽게 본론으로 들어갈 수 있다. 가끔 물이나 차를 마시기 위해 사적인 얘기도 하지만, 그녀의 전문분야에 관한 지식은 나를 황홀하게 만들 정도로 탁월하다.
>
> – 앤 로스(Ann Roth),
> 의상디자이너

옷장 정리가 필요한 이유

옷장을 정리하라는 말은 어릴 때부터 많이 들어보았을 것이다. 그리고 수 년 동안 공간이 부족한 좁은 방 때문에 고민도 많이 해 보았을 것이다. 우리들 중 옷, 신발, 액세서리 그리고 평범한 잡동사니까지 모두 잘 보관할 수 있는 넓은 방을 가진 운이 좋은 사람은 많지 않다. 아마 그래서 좁은 곳을 효율적으로 이용하도록 '옷장 정리사'라는 직업도 생겨난 것이 아닌가 한다.

당신이 프로 옷장 정리사를 불러 당신의 옷장을 정리하고 다시 구성할 수 있을 만큼 여유가 있다면 이 장을 읽지 않고 그냥 넘겨도 좋다. 하지만 모든 것을 혼자서 해야 한다면 이 장에서 도움을 받을 수 있을 것이다.

옷장 정리는 아마도 빨래하고 욕실을 닦는 것보다 더하기 싫은 일일 것이다. 그러나 당신이 잘 정리된 채로 생활하고 싶다면 정기적으로 옷장 청소를 해줘야 한다. 여기서의 청소란 말 그대로 당신이 6개월에 한 번씩은 모든 것을 다 꺼내고(아마 그중 어떤 것들은 버릴 수도 있다) 옷장 선반과 바닥을 진공청소기로 청소하는 것을 의미한다.

그렇게 하면서 당신은 옷장에서 발견하는 것들에 놀라게 될 것이다. 만약 당신이 이사 오고 난 후 한 번도 옷장 청소를 하지 않았다면 더욱 그렇다. 엄청난 먼지 외에 당신은 수년간 보지 못했던 옷들을 발견하게 될 것이다. 그런 옷들이 나오면 잘 살펴보라. 모두가 다시 옷장 뒤쪽에 묵혀 있을 만큼 못 입을 정도의 것들은 아닐 것이다. 청소 시간은 그뿐만 아니라 옷장의 손이 안 닿는 컴컴한 부분에 들어 있던 모든 옷들을 구분하여 버릴 건 버릴 수 있는 기회다.

버리기는 아까운, 그러나 입지는 못할, 그렇게 실수로

한 번은 베티가 내게 고마워한 적이 있다. 적당한 옷 한 벌을 찾기 위해 여러 벌을 입어본 후 미안한 마음에 그 옷들을 거는 것을 도와주겠다고 했던 것이다. 한 벌을 찾으려고 열 벌을 입어봤으니 마땅히 그렇게 해야 한다고 생각했다. 베티는 괜찮다고 했지만 그런 나의 태도를 고마워했다. 솔직히 말하면 나는 집에서는 너무 게을러서 내 물건들을 정리하지 않는 타입인데 베티의 숍에서는 꼭 예의를 생각하게 된다.

– 제인 폴리(Jane Pauley), 앵커, NBC 데이트라인

산 옷들이 산더미처럼 많을 것이다. 그러나 내가 이미 앞
장에서 말했듯, 이를 악물고 수년 간 입지 않았던 옷들은
과감히 정리하라.

박스와 옷걸이를 이용한 정리법

이제 버릴 것은 버리고 깨끗이 정리가 되니 옷장에 조
금 공간이 생겨났을 것이다. 공간을 어떻게 이용할 것인
지에 대해 당신의 정리 테크닉을 잘 생각해봐야 할 시간
이다. 먼저 옷장의 구조를 잘 살펴보라. 지금 끼워져 있는
선반 위나 아래쪽에 선반을 하나 더 맞추어 끼울 수 있는
는가?

만약 그럴 만한 공간이 되는 옷장이라면 가까운 가구
점이나 목공소를 찾아 싼 값에 리모델링할 수 있다. 기왕
나간 김에 옷장에 넣을 만한 박스도 몇 개 사와서 부피가
큰 아이템은 따로 담아 넣는 것도 좋다. 가구점이나 홈 수
납 용품 판매업체나 할인점, 가까운 공구점, 인터넷 쇼핑
몰 등에서 구입할 수 있을 것이다.

이제 시즌이 지난 아이템들은 모두 치워보자. 만약 봄
이라면 스웨터, 터틀넥, 장갑, 목도리, 그리고 모자(몇 개의
나프탈렌까지도)를 치울 수 있다. 그리고 만약 가을이 다가
오고 있다면 수영복, 티셔츠, 반바지 등을 치울 시간일 것

이다. 계절이 지난 이 모든 아이템들을 아까 산 박스에 넣어보자. 그리고 박스에는 무엇이 들어 있는지 꼭 표시를 해 다시 그 계절이 돌아와 끌어 내릴 때까지 손이 닿지 않는 곳에 높이 올려두라.

당신이 옷장 안을 현명하게 잘 사용하고 깔끔하게 보이도록 할 수 있는 또 다른 방법은 옷을 잘 개는 것이다. 옷을 개는 방법은 거의 예술에 가깝지만 사람들이 잘 모르는 것 같다.

연습할 좋은 방법은 잘 접힌 새 와이셔츠를 사왔을 때 배우는 것이다. 새로 산 것도 좋고 드라이클리닝 후 잘 접혀서 돌아온 것도 좋다. 다른 셔츠를 꺼내다가 그 와이셔츠와 똑같은 라인으로 끝부분도 말끔히 사각을 만들며 개어 보라. 조금만 연습하면 요령을 알 것이고, 셔츠와 스웨터를 말끔하고 일정하게 접으면 쌓아올리기도 좋고 박스나 선반의 공간도 덜 차지한다.

대부분의 사람들은 옷장 선반을 최대로 이용하지 못하는 것 같다. 아무리 선반이 높이 달려 있어도 선반과 옷장 천장 사이에 공간이 있으면 그 공간을 사용하라. 의자라도 놓고 올라가서 박스 등을 끼워 넣어라. 쉽게 손이 닿지 않으므로 계절이 지나 몇 개월간 사용하지 않을 아이템들을 넣어 놓으면 좋다.

박스 외에도 공간을 많이 차지하지 않는 다른 방법에
도 투자해야 한다. 여러 개의 옷을 걸 수 있도록 한 옷걸이
가 있다. 이는 블라우스 같은 것을 걸기에 매우 좋은데 하

organization is 90%

나의 옷걸이를 걸 공간에 대여섯 장의 옷을 같이 보관할 수 있다. 치마나 바지를 위한 비슷한 옷걸이들도 있다.

여기서, 자칫 영화 〈존경하는 어머니(Mommie Dearest, 1981)〉의 조앤 크로퍼드Joan Crawford처럼 들릴 수 있겠지만,(이 영화에서 조앤 크로퍼드가 맡은 여주인공이 철사 옷걸이에 옷을 걸어놓은 아이에게 화를 내며 왜 말을 듣지 않느냐고 히스테리컬하게 울부짖는 매우 유명한 장면임 - 옮긴이) 그래도 강조하고 싶은 것이 있다. '제발 철사로 된 옷걸이는 사용하지 마라'. 철사 옷걸이는 한마디로 옷의 모양을 유지시켜주지 못하고 재킷이나 니트의 어깨부분에 손상이 가게 한다.

옷장에 옷걸이를 거는 봉이 하나밖에 없다면 옷걸이가 많아야 할 것이다. 그러나 옷장이 좀 커서 낮은 봉이 하나 더 있다면 여기에 치마나 셔츠 같은 짧은 아이템을 걸 수 있고 높은 봉에는 드레스나 코트, 바지 등을 걸 수 있다.

이브닝드레스처럼 어쩌다가 한 번 입는 옷들은 옷걸이에 걸 수 있는 옷 커버를 구하여 덮어씌운 후에 옷장 맨 뒤에 걸어 눈에 띄지 않게 보관하라. 그 안에서 문제없이 잘 보관될 것이다.

이러한 정리를 하는 근본적 이유(옷이 산 지 얼마 되지도 않아 손상되는 것을 방지하는 것 외에)는 당신이 아침마다 옷을 입을 때 효율적으로 행동할 수 있게 하기 위해서다. 실제로 우리들은 옷장을 열었을 때 우리 눈앞에 보이는 것만 집어 입는 경향이 있다. 만약 입고자 하는 옷을 옷장을 열고 한참 찾아야 하고 또 찾았는데 구겨져 주름투성이가 되어 있다면 아마 입지 않을 것이다.

그러니 계절이 지난 옷들은 끄집어내고 손이 잘 닿는 앞쪽이나 중간에 현재 자주 입는 옷들을 배치하라. 당신이 옷장을 전체적으로 잘 정리했다면 관리와 유지는 쉽다. 옷걸이에 걸거나 말끔히 접어 제자리에 두는 데 몇 초밖에 걸리지 않는다.

효율적인 신발 정리법

자, 이제 모든 옷이 제자리를 잡고 정리되어 있다. 다음은 신발의 차례다. 신발은 신발장 아래에 산더미처럼 엉망으로 쌓여 있을 가능성이 크다. 짝이 어디로 갔는지 몰라 겨우겨우 찾아내면 먼지가 수북이 덮여 있는 경우도 많다. 신발을 잘 보관하는 가장 쉽고 돈 안 드는 방법은 처음 신발을 살 때 그 신발이 들어 있던 박스를 버리지 않고 그 박스에 넣어 보관하는 것이다(신발 사진을 한 장씩 그 위에 붙이면 찾을 때 편리하다).

그런 식으로 보관하면 잘 보호될 뿐 아니라 벽장 아래

든 선반 위(계절이 지나 안 신는 신발을 올려두면 좋은 장소)에
든 놓아두기에도 좋다. 같은 방법이지만 조금 돈이 드는
것으로는 월마트Wal-Mart나 K마트K-Mart 등에서 플라스틱
박스를 사서 보관하는 것이다. 이렇게 하면 신발을 다 옮
겨 담아야 하는데, 시간이 좀 걸리긴 해도 박스가 투명하
여 어떤 신발이 들어 있는지 다 보여서 아침마다 신발장
에서 신발을 찾는 시간을 줄일 수 있다. 박스에 넣는 게 싫
고 눈앞에 신발이 그대로 보이는 것을 선호하는 사람들의
경우에는 쌓아 올릴 수 있는 선반 신발장이 좋다. 신발이
늘 때마다 선반을 더 넣을 수도 있다.

만약 당신이 신발을 소중히 다루고 싶다면 옷장 문이
나 봉 등에 부착 가능한 다양한 장치나 신발 문 등 신발
을 바닥에 놓지 않고 보관할 수 있는 방법이 있다. 내 벽장
안에도 이미 붙박이 신발 문이 벌써 35년째 붙어 있다. 집
벽장에 붙박이 신발 문이 설치되어 있지 않은 경우에는
가구점에 의뢰해 설치할 수도 있다. 이것은 가장 돈이 많
이 드는 보관 방법이지만 그 활용가치는 매우 크다. 신발
문은 붙박이장 문 안쪽에 경첩으로 연결된 추가적인 문이
라고 생각하면 된다. 문의 가로로 죽 연결된 바에 힐을 끼
워 신발을 거는 것이다.

벽장 안에 공간이 좀 더 있다면 천으로 된 신발 가방을

봉에 매달아 몇 켤레의 신발을 보관할 공간을 만들 수도 있다. 그러나 다시 한 번 강조하지만 중요한 것은 정리를 잘 해서 쉽게 꺼내고 넣을 수 있어야 한다는 것이다. 그러니 신발 몇 켤레 보관하려고 벽장을 뜯어 고치기 전에 당신에게 가장 편한 방법이 무엇인지 잘 생각해 보라.

그밖의 것들

다음은 가장 어려운 아이템들이다. 즉, 걸 수 없는 것들, 팬티스타킹, 양말, 벨트, 가방, 란제리, 주얼리, 그리고 스카프 등이다. 물론 벨트나 가방은 장 안에 고리만 있으면 걸 수 있다. 혹이 여러 개 달린 벨트 전용 행거도 있다. 그러나 나머지 아이템들은 자리를 차지하고 또 서랍 정리가 필요하다.

먼저 스타킹과 양말 서랍부터 보자. 보통 엉망으로 엉켜 있는 스타킹과 양말을 정리하는 쉬운 해결법이 있다. 나는 스타킹과 양말을 베이글처럼 돌돌 말아 올려 동그랗게 만든다. 그럼 쉽게 볼 수 있고 무엇보다 좋은 것은 하나를 꺼내면 그 하나만 나오지 다른 것까지 엉켜 끌려 나오진 않는다.

당신이 스카프가 여러 장이라면 잘 접어 세워 정렬한 뒤 주얼리 박스나 베이글처럼 접은 양말을 이용해 제자리에 있게 받쳐주어도 된다. 그런 식으로 서랍을 정리하면 보이지 않는 벽으로 모든 것이 나뉘어 자기 자리에 있게 해 줄 것이다.

속옷 서랍도 모두 그냥 던져 넣고 정리를 잘 안 하는 것 중 하나다. 그러나 다시 한 번 강조하는데, 잘 접는 것은 모든 것을 말끔히 보관하는 열쇠다. 종이접기처럼 접는 방법을 가르치는 수업이라도 있다면 좋을 것 같다. 팬티를 삼등분으로 접어 스타일과 컬러별로 차곡차곡 쌓아 보라. 이렇게 하면 공간이 좁아도 당신은 블랙 끈팬티, 누드 팬티, 하이웨이스트 팬티 등을 쉽게 찾을 수 있을 것이다. 브래지어도 마찬가지다. 여유 공간이 있다면 나이트가운과 잘 때 입는 티셔츠도 접어서 같은 서랍에 보관하라.

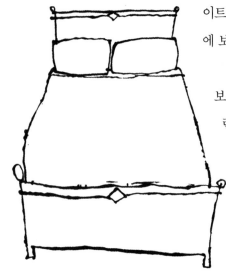

한편 이런 속옷 또는 양말 서랍 안에 주얼리를 보관할 만한 공간이 있으면 하고 바랄 것이다. 그런데 나는 복잡한 옷가지들 속에서 주얼리를 잃어버릴 가능성이 있으므로 주얼리는 처음 살 때 들어 있던 박스에 보관하는 것이 좋다고 생각한다. 서랍을 나누는 칸막이(부엌에서 쓰는 은제식기류를 나누어 넣는 통처럼)가 있다면 당신의 잡동사니 주얼리를 종류별로 나누어 보관할 수 있다.

그러면 아침에 서둘러 나가야 할 때 착용하고 싶은 주얼리가 어디에 있는지 쉽게 찾을 수 있을 것이다. 내가 아는 한 여성은 가는 천조각을 길게 잘라 벽에 걸어두고 귀걸이를 거기다 끼워놓거나 걸어 놓았는데 마치 귀걸이 조각품처럼 멋졌다.

그리고 아무리 당신이 정리를 잘 한다고 해도 어디에도 속하지 않는 기이하게 생긴 아이템들이 있기 때문에 바구니나 장식용 칸막이 상자 등은 매우 유용한 보관소다. 잡지나 세탁물, 피트니스 센터 운동복까지 어디에도 속하지 않는 모든 것들을 여기에 집어넣을 수 있다. 이런 바구니 등에 담는 문화는 그것이 외딴 섬에서 생겨났건 혹은 대학 기숙사에서 생겨났건 매우 가치 있는 보관 솔루션이라 생각한다.

내가 싫어하는 유일한 보관 장소는 침대 밑이다. 계절이 지난 옷이라도 차라리 세탁실에 두는 것이 침대 밑보다는 낫다. 보이지 않으면 마음도 멀어진다고, 당신이 침대 밑에 넣어 놓는 것은 다시 찾을 수 없을 것처럼 보인다.

2

얼룩 지우기와 세탁

얼룩 제거와 의류 세탁법

누구에게나 빨래는 지겨운 일이다. 이런 지겨운 일을 빨리 끝내려다 보니 섬세한 원단은 손상을 입고 얼룩도 지워지지 않은 채 세탁기 안으로 들어가며 흰색 빨래와 어두운 색 빨래가 마구 섞여서 세탁된다. 여기서는 긴 세월 동안 내가 터득한 얼룩 지우는 방법과 손빨래 세탁 방법을 알려주려 한다. 그러나 사실 당신에게 직접 해보라고 권하기는 두렵다. 왜냐하면 대부분의 사람들이 이런 세탁에 서툴러서 까딱하다가는 옷을 망치는 일이 많기 때문이다.

내 고객들 중 많은 이들이 옷에 묻은 작은 크기의 얼룩을 지우기 위해 뭔가 조치를 취하다가 그보다 더 큰 동전만한 얼룩을 만들곤 한다. 그러므로 얼룩 때문에 마음이 불편하면 곧바로 전문가에게 맡겨라.

그러나 이런 경고에도 불구하고 당신이 정말 조심스

러운 사람이라면 스스로 얼룩을 지워도 좋다. 오래된 목욕 수건이나 마른 행주 등을 작게 잘라 두 조각을 만든다. 그런 다음 얼룩이 진 옷 아래 부분에 한 조각을 대고 또 다른 한 조각에는 아이보리 리퀴드(Ivory Liquid; 손 세정제)나 다른 주방 세제를 떨어뜨려 얼룩 위에 대고 살살 문지른다.

단, 너무 세게 문지르면 옷에 손상이 갈 수 있다. 문지르다 보면 얼룩이 금방 옅어지는 것을 볼 수 있을 것이다. 그러면 그 부위를 차가운 물로 깨끗이 헹구고 마를 때까지 계속해서 두드려준다. 이렇게까지 했는데도 결국 얼룩이 안 지워져 세탁소에 가져갈 때는 그 부위를 보여주고 왜 그런 얼룩이 묻었는지를 자세히 설명해 주어야 한다.

당신이 쉽게 지울 수 있는 부분 얼룩은 셔츠 칼라에 묻은 때다. 목에다 화장을 하는 것은 아니지만 피부에서 나

온 오일 성분 등이 칼라와 목선을 따라 누렇게 때를 만든다. 나는 밤에 셔츠를 벗으면 손톱솔로 아이보리 리퀴드를 살짝 묻혀 문질러 준다. 2분이면 되고 또 자주 하지 않아도 되니 손쉽다. 그러나 때때로 그렇게 해주지 않으면 그 때는 점점 짙어져 나중에는 아무리 해도 깨끗이 지워지지 않는다. 때때로 손질하는 것만이 세탁기도 드라이클리닝도 해결해주지 못하는 셔츠 칼라 목 때를 줄일 수 있는 유일한 방법이다.

스웨터의 경우에는 라벨을 보면 거의 다 드라이클리닝만 가능하다고 쓰여 있다. 그러나 스웨터를 손빨래해주면 드라이클리닝하지 않아도 더 깨끗하게 오래 입을 수 있다. 중요한 것은 찬 물에 약간의 액체 비누 또는 아기 샴푸를 사용하여 세탁하는 것이다. 이때 세제를 너무 많이 사용하면 온통 비누 거품이 되어 나중에 헹구는 데만 몇 시간이 걸릴 수 있다. 스웨터가 완전히 잠기도록 물에 담가 주고 비누 거품을 완벽히 빼기 위해 두세 번 헹궈 준다.

스웨터를 물에서 꺼냈을 때는 목욕수건으로 돌돌 말아 부드럽게 물을 짜 준다. 이때 너무 비틀지 않도록 주의한다. 스웨터의 모양을 망치거나 지울 수 없는 주름이 잡힐 수도 있다. 말려 있던 스웨터를 펴서 마른 수건 위에 놓고 살살 주름을 펴준다. 말릴 때는 스웨터를 중간 중간 뒤

집어 준다. 다 마르면 잘 턴 다음 열이 식은 다리미로 다림질을 해준다. 그러면 스웨터는 다시 그 뽀송거리는 느낌이 살아날 것이고, 드라이클리닝 후 비닐에서 막 꺼냈을 때보다 냄새도 더 좋다. 이렇게 하는 방법은 면, 울, 실크, 앙고라, 캐시미어, 어떤 스웨터건 모두 깨끗하게 유지시켜 주어 오래 입게 해준다.

얼마 전에 나는 옷 세탁과 관련하여 정말 신기한 방법 하나를 배웠다. 정말 많은 옷들이 신축성 있거나 들러붙는 저지로 만들어져 몇 번 입고 나면 무릎과 팔꿈치 등이 나온다. 이때 이 늘어난 옷들을 건조기에 넣고(워싱은 하지 말 것, 이런 원단은 드라이클리닝해야 함) 약한 모드로 몇 분 간 돌려보라. 그러면 옷의 늘어난 부분이 감쪽같이 원상회복 되어 있을 것이다.

구두 관리법

옷 관리에 대해 조언해 주는 김에 신발에 대해서도 생각해보자. 많은 여성들이 큰돈을 주고 신발을 사놓고는 관리를 못하여 흠집이 나거나 닳아 버린 듯한, 닦지 않은 구두를 신고 거리를 활보한다. 남자들이 많이 이용하는 구두 닦는 가게에 가는 것을 두려워 마라. 여성들도 오랜 세월 남성들이 누려온 것처럼 전문적으로 구두를 닦는 사

치를 누려야 한다. 정기적으로 집에 있는 신발을 모두 수
선집에 가지고 가 닦게 한 후 몇 시간 후에 찾아오라. 모두
반짝거리고 새 것처럼 보일 것이다.

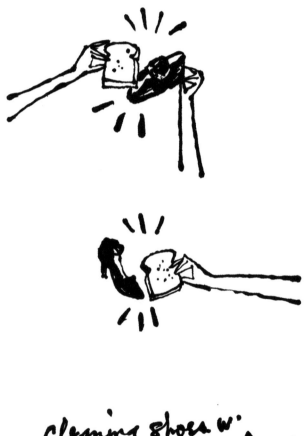

cleaning shoes w.
wonder bread

꼭 수선집에 가지 않고 당신이 직접 닦아도 그렇게 큰 일은 아니다. 닦는 데 사용하는 샤모아 천과 좋은 구두 브러시만 있으면 된다. 아무 때든 밤에 텔레비전 앞에 앉아 구두를 죽 늘어놓고 하나씩 닦아 보라.

그리고 가죽 가방도 마찬가지다. 가방 안에 있는 것을 다 빼고(잘 두드려 펴보면 이런 것이 들어 있었나 하는 것들도 나올 수 있다) 가방을 닦은 다음 광을 내준다. 그러면 당장 보기 좋을 뿐만 아니라 장기적으로도 가죽이 유연해져서 좋다.

스웨이드 구두는 내가 궁극의 럭셔리 제품으로 여기는 아이템인데, 가죽보다 더 연약하기 때문에 그것을 살리는 특별한 비결 같은 것은 없다. 다만 스웨이드용 철사 브러시(구두 수선집에서 살 수 있다)로 아침마다 스웨이드 구두를 신기 전에 털의 반대 방향으로 쓸어주면 먼지도 제거되고 스웨이드의 풍부한 컬러를 계속 유지할 수 있다. 그 밖에 다양한 클리닝제와 방수 스프레이가 있다. 그러나 스웨이드는 기본적으로 완전히 방수가 될 수 없음을 기억해야 한다. 반복해서 젖으면 스웨이드는 손상을 입고 만다.

스웨이드를 잘 관리하기 위한 최선의 방법은 비 오는 날 되도록 신지 않는 것이다. 만약 소나기를 만나 의도치 않게 스웨이드(가죽도 마찬가지) 구두가 흠뻑 젖었다면 물이 뚝뚝 흐르는 채로 벗어서 그것을 보관하는 박스에 그냥 집어넣는 일만은 피하라. 절대로 제대로 마르지 않을 것이고 구두 모양이 어떻게 틀어질지 아무도 장담 못한다. 이럴 땐 티슈나 티슈페이퍼 몇 장을 발가락 부분에 끼워 넣어 두자. 물기를 흡수하는 데 도움이 될 것이고 마르는 동안 모양도 유지시켜 준다.

내가 어릴 때 에나멜가죽이 유행했는데 시간이 흘러 이제 다시 유행이 되니 에나멜가죽 구두나 가방을 손질하는 방법을 알려줄 수 있게 되었다. 내가 에나멜가죽 제품들을 닦는 유일한 도구는 흰 빵 한 조각이다(그렇다, '기적의 빵'과도 같은 것이다). 빵 조각은 정말 얼룩을 지우고 광이 나게 해준다. 만약 당신이 흰색 (혹은 다른 옅은 컬러) 에나멜가죽 구두를 가지고 있다면 흠이 난 부분을 매니큐어 리무버를 사용해 지울 수 있다. 지우고 난 후, 아이보리 비누로 전체를 씻고 수건으로 닦아준다.

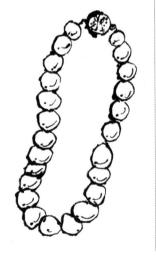

당신이 직접 정기적으로 관리해 주는 것 외에 일 년에 한 번쯤(당신이 얼마나 걷느냐에 달려 있다) 구두점에 가져가 구두의 밑창이나 힐을 갈아 준다. 윗부분이 멀쩡하다면 몇천 원 정도 들여 밑창이나 힐을 갈면 새 구두의 느낌을 받을 수 있다.

이렇게 정기적으로 관리를 해줄 때 당신의 주얼리도

함께 관리 받는 것을 잊지 마라. 순은의 경우에는 손의 기름기 때문에 쉽게 검은색으로 변한다. 이때 은제 식기를 닦는 광택제를 푼 뜨거운 물에 담갔다가 찬물로 말끔히 헹구어 준다. 그리고 가죽 벨트 위의 실버 버클 등, 물에 담그기 원하지 않는 물건들은 철물점 등에서 은제품 닦는 천을 구입하여 정기적으로 닦아준다.

금으로 된 주얼리는 쉽게 변색되지 않으나 때때로 씻고 마른 수건으로 닦아주면 놀랍게 반짝거린다. 기왕 관리하는 김에 진주나 비드 목걸이도 보석가게에 가서 줄을 갈아 주는 것을 잊지 마라. 목걸이가 깨끗하고 새 것처럼 보일 뿐 아니라 목걸이가 잘 끊어지지 않게 하는 장기적인 투자다.

여행 가방
꾸리기

좋은 여행 가방 고르기

전에는 여행이 매우 고상한 취미로 여겨졌었다. 내가 어렸을 때는 장갑을 끼지 않고는 버스조차도 타려 하지 않았다. 누구나 나름의 특별한 여행복이 있는 것이다. 여행 가방도 그런 여행 복장의 한 요소다. 전에는 안에 행거가 들어 있는 손가방이나 단단한 여행 가방 등이 별로 없었고 모든 가방이 다 무거웠다. 공항 안까지는 무거운 짐을 끌고 갈 카트도 없었다. 그렇다 보니 모두가 당연히 바퀴 달린 블랙 여행 가방을 끌고 다니게 되었다. 또는 어깨에 메는 큰 더플 백으로 대신하기도 한다.

어떤 여행 가방을 고르든 그 가방은 많은 여행에, 즉 몇 년에 걸쳐, 당신과 함께할 것이므로 당신 여행에 알맞은 최고의 가방을 골라야 할 것이다. 당신의 성격, 짐을 싸는 스타일, 그리고 여행하는 스타일과 맞아야 한다.

당신이 여행 가방을 사러 갈 때는 이 점을 꼭 명심하라. 가방을 맡기는 것이 싫다면 비행기 안에 들고 탈 수 있게 작은 것을 사야 하며 옷을 접는 것보다는 둘둘 말아 넣는 것을 좋아한다면 전통적인 여행 가방보다는 더플백이 좋다. 그러나 무거운 가방을 멜 만큼 어깨가 좋지 않다면 바퀴 달린 가방을 사야 할 것이다.

여행 가방에 담을 아이템

어쨌든 당신이 짐을 쌀 때 무엇을 가방에 넣건 중요한 것은 적게 싸는 것이 최상이라는 것이다. 고백하건대, 나는 짐을 쌀 때 이것저것 다 넣어 가고 싶은 충동과 항상 싸운다. 여행 장소에 분명 추가로 필요한 팬티스타킹이나 그 외 다른 필요한 것들을 살 가게가 없을 것이라고 생각하기 때문이다. 그러나 짐이 적을수록 여행이 즐겁다. 그러니 가져갈 것을 미리부터 잘 생각해 보고 최소화하는 것이다.

여행 전에 나의 침대는 테이블이 된다. 가져갈 아이템들을 죽 늘어놓고 만족할 때까지 빼거나 더한다. 절대 옷장에서 꺼내 바로 여행 가방에 담는 적이 없다. 당신도 꺼내어 이렇게 배치해보고 여행 가서 며칠을 머물 것인지 따져보고 계획해야 한다. 침대 위에 옷을 늘어놓고 기본적으로 입을 두 벌의 옷에서부터 시작하라. 베이직한 팬츠 슈트와 심플한 저지 드레스 두 벌은 가장 이상적인 기본 아이템이고 어느 기후에서나 입기 좋다. 그런 후 그 위에 다른 아이템들을 더 추가해 나간다. 블라우스 한두 장, 스웨터 세트, 캐미솔, 티셔츠 몇 장과 보디슈트와 정장 재킷과 함께 입을 캐주얼 스커트나 바지 등. 그런 식으로 낮과 밤 모두, 그리고 당신이 여행 가서 머무는 며칠 동안 입을 옷

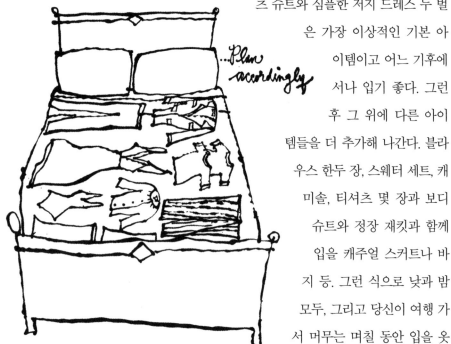

이 구성된다. 티셔츠나 스웨터 등은 몇 개 더 가지고 가도 좋다. 여행에서 며칠 동안 매번 같은 옷만 입었다고 생각 될 때 겉옷이나 정장 안에 티셔츠나 스웨터를 바꿔 입어 줄 수 있다.

남성들은 보통 여성들보다 짐을 잘 싼다. 왜냐하면 그들은 '만약의 경우'를 위한 옷을 생각하지 않기 때문이다. 보라. 여성들은 '추울까 봐' 스웨터나 코트를 가져가야 하고 혹은 '멋진 레스토랑에서 저녁을 먹을 일이 생길지도 모르니' 섹시한 드레스도 가져가야 한다. 그러나 짐을 가볍게 싸는 비결은 가져가는 옷들을 서로 어울리는 것으로 구성하는 것이므로 이러한 '만약의 경우' 충동을 다스릴 수 있어야 한다.

그러니 어울리지는 않더라도 단조로운 톤으로 몇 벌 가져가는 것도 좋다. 이렇게 하면 멋지게 옷을 입을 수 있는 방법은 아닐지라도 확실히 당신의 짐 가방을 가볍게 해준다. 여행지에서 당신이 매일 밤 새로운 옷을 맞춰 입지 않았다고 그것을 알아볼 이는 없을 테니까.

그러나 만약 리조트나 크루즈 여행을 가서 매일 같은 여행객들과 어울린다면 옷을 더 가져가야 할 것이다. 그런 경우라 해도 옷들이 서로 어울리고 여러 컬러라 해도 같은 톤이어야 한다는 규칙을 따르는 것이 좋다. 다른 어

떤 것과도 어울리지 않는 옷은 가져가지 않는 것이 좋다.

침대 위에 늘어놓은 옷들을 가방에 넣기 전에 잘 살펴 보라. 혹시 너무 튀는 옷이 있는가? 만약 그런 옷이 있다 면 다시 옷장에 넣고 비슷한 스타일로 좀 더 베이직한 다 른 옷을 꺼내야 할 것이다. 여행에서 몇 번에 걸쳐 입기 위 해서 말이다.

여행 짐 꾸리는 요령

이제 당신이 어떤 옷을 여행 가방에 넣어 갈 것인지 알 았으니 가방을 꾸리는 방법을 알아야 할 차례다. 나는 옷 을 가방에 잘 넣는 비결은 모두 비닐에 넣어 가방 안에 싸 는 것이라고 믿는다. 내 딸은 짐 가방을 탁월하게 잘 싸는 데 집에 올 때마다 가방 안에서 옷을 꺼내면 모든 옷이 옷 걸이에 걸려 비닐에 싸인 채로 나온다. 아무래도 여행 오 기 전에 의도적으로 옷들을 드라이클리닝을 맡겨 비닐 백 에 잘 포장해 가져오는 것 같다. 나는 직접 비닐 가방에 싼 다. 가게에서 직접 드라이클리닝 비닐 백을 사왔다(여행 간 다는 내 고객에게 얼마나 많이 이 비닐들을 보내줬는지 모른다). 그러나 당신은 군이 살 필요 없이 드라이클리닝할 때마다 하나씩 모아 두었다가 재활용해도 괜찮다. 옷에서 비닐을 벗겨 텅 빈 여행가방 안에 모아놓으면 다음 여행 갈 때 사용하기가 편하다.

나는 가방을 쌀 때 철사로 된 옷걸이 두 개를 합쳐서 옷을 걸어 넣는다. 철사로 된 옷걸이를 싫어하지만 두 개를 합치면 나무 옷걸이처럼 두껍고 견고해진다(무엇보다 가방 공간을 훨씬 덜 차지한다). 만약 당신이 그래도 철사 옷걸이가 못 미덥다면 티슈를 옷걸이 아랫부분 옷을 거는 부분에 두툼하게 감싸 줌으로써 옷에 주름이 잡히지 않도록 할 수 있다.

그 다음 옷걸이를 들고 마치 사람에게 옷을 입히듯 그 위에 옷을 입혀 나간다. 옷걸이 아랫부분 옷을 거는 부분에 바지를 모두 건 뒤 옷걸이 양쪽을 구부려 올려 치마를 건다(치마허리의 작은 고리를 이용한다). 그리고 티셔츠와 블라우스를 입히고 재킷을 마지막으로 걸친다. 옷이 늘어지지 않을 정도까지 옷걸이에 두둑이 장전을 했으면 드라이클리닝 비닐을 덮어씌운다. 이 비닐은 옷을 보호해주어 주름이 잡히지 않게 한다.

이것을 반으로 접어 여행 가방에 집어넣는다. 물론 가먼트 백(garment bag; 옷이 구겨지지 않게 운반할 수 있도록 옷걸이가 들어 있는 헝겊, 비닐 등의 소재로 된 백 – 옮긴이)을 가져간다면 그냥 짊어지기만 하면 된다. 나는 3주 동안 먼 곳으로 여행가면서 세 개의 옷걸이를 이용해 옷을 싸 갔는데 매우 효과적이었다.

비닐 백은 옷 모양을 아주 잘 유지시켜 주었다. 나는
더플 백 한쪽에는 셔츠와 스웨터, 다른 한쪽에는 티셔츠

와 반바지를 넣고 중간에 란제리, 팬티스타킹과 잠옷 등을 넣어 벽을 만들었다. 그리고 덩어리별로 비닐 백에 따로 담았다. 마치 채소를 하나하나 싸듯이.

어딘가 여행지에 도착하여 짐을 푸는 것은 누구나 귀찮은 일이다. 나 또한 여행을 다니며 짐을 풀어야 하는 일이 많아 짐 푸는 데도 효율적인 방법이 필요했다. 위에 말한 것처럼 짐을 싸면 푸는 것도 엄청나게 쉽다. 옷장이나 서랍을 열고 이 채소(?) 비닐 꾸러미를 가볍게 던져 넣으면 끝난다. 양말 한쪽이 어디 갔는지 블랙 브래지어가 어디로 갔는지 찾아 헤맬 필요가 없다. 또한 이렇게 하면 가방 안에 넣기도 더 쉽다.

가방 안 공간 얘기가 나왔으니 말인데 여행에서 쇼핑을 해 새 물건을 넣어 와야 할 경우를 생각해야 한다. 나는 접을 수 있는 빈 모직 가방 하나를 넣어갈 것을 추천한다. 나는 여행 갈 때마다 완전히 작게 접을 수 있는 모직 가방을 꼭 넣어 간다. 그런 식으로 먼 데서 도자기를 사 온 적도 있다. 에어캡으로 싼 다음에 커다랗고 부드러운 스웨터를 양쪽에 넣어 전혀 깨뜨리지 않고 말이다. 중요한 것은 가방의 구석구석까지 남기지 않고 잘 싸는 것이다. 짐을 쌀 때 나는 공간 하나도 놓치질 않는다. 장거리 여행 때는 물건들을 세워 넣는 것이 공간도 더 절약된다.

나는 언제나 물건을 물건 안에 넣어 간다. 즉 핸드백을 예로 들면 빈 핸드백을 여행 가방에 그냥 넣어가지 않는 다. 만약 부드러운 샤넬 퀼팅 핸드백을 여행 가방에 그냥 넣어가면 도착했을 때 가방에 옴폭 패인 자국이 생긴다. 따라서 핸드백 안에 내 주얼리 중 커다란 뱅글이나 체인 목걸이 등을 넣고 티슈를 끼워 핸드백을 채운 다음 가방 에 넣는다. 신발도 마찬가지다. 발가락 쪽에 양말이나 심 지어는 귀걸이도 싸서 넣는다. 당신도 해보라. 항상 가지 고 다니는 같은 여행 가방이지만 얼마나 더 많이 물건을 넣을 수 있는지 놀랄 것이다.

예전에는 사람들이 짐 가방에 티슈페이퍼를 너무 많 이 넣어서 티슈 무더기에서 물건을 찾을 수 없을 정도였 다. 진짜 오래전 얘기지만 내가 신혼여행 갈 때 한 도우미 아주머니가 와서 짐을 싸 주었는데 그녀는 납작한 여행 가방 안에 내 옷을 잔뜩 넣었다. 그 당시에는 사람들이 신 혼여행에 갈아입을 이브닝드레스 몇 개를 포함해 모든 물 건을 다 싹 가지고 갔다 해도 과언이 아니다. 신혼여행지 인 하와이에 도착한 뒤 짐을 풀자, 가방 안에서 티슈페이 퍼가 정말 방 안을 가득 채울 정도로 나왔다. 물론 돌아올 때는 내가 옷들을 가방 안에 다시 잘 정리했지만.

만약 당신이 가먼트 백을 가지고 여행을 간다면 유용

한 방법을 알려주겠다. 이 방법은 영화나 TV 드라마용 의상들을 보낼 때 우리가 사용하는 방법이기도 하다. 고객들은 많은 옷을 받을 때 여러 개의 가방을 받는 것을 싫어한다. 따라서 우리는 가방 수를 줄여 여러 벌의 옷을 담을 수 있는 방법을 고안해 보았다.

우선 저렴한 잡화점 가게에 가서 플라스틱 옷걸이를 한 뭉치 산다. 이때 옷걸이 고리 훅 부분에 구멍이 있는 것으로 산다. 그리고 몇 개의 옷걸이에 옷을 건 다음 서로 구멍에 끼워 포개어 보라. 코트처럼 제일 긴 옷부터 시작해서 블라우스나 미니스커트처럼 짧은 옷을 옷걸이에 걸어 끼워나간다. 그렇게 해서 가먼트 백의 길이만큼 옷을 걸 수 있다. 그럼에도 옷걸이 하나에 옷을 건 정도의 두께라 반으로 접고 들고 가기에 불편함이 없다. 가방 밑에는 몇 켤레의 구두 또한 넣을 수 있다. 앞서 말했듯 모든 공간을 다 이용할 수 있는 것이다.

구겨진 옷들의 주름 펴기

그러나 이 모든 것에도 불구하고 당신이 여행지에 도착했을 때 옷에는 어느 정도 주름이 잡혀 있다. 그럴 때는 주름이 잡힌 것이 무엇이든 목욕탕으로 들고 가라. 다 걸어놓고 가장 뜨거운 물로 샤워기를 튼 다음 목욕탕 문을 닫는다. 그 다음엔 물이 충분히 뜨겁기를 그리고 목욕탕에 홍수가 나지 않기를 기도하라(이렇게 하다가 나는 몇몇 호텔에서 배관이 새 쫓겨날 뻔한 적도 있다). 중간 중간에 들어가 옷을 털어주고 뒤집어준다.

이렇게 하면 대부분의 원단은 주름이 펴진다. 단, 무거운 면 원단과 리넨에까지 기적을 바랄 수는 없다. 따라서 짐을 싸기 전에 한번 잘 생각해봐야 할 것이다. 주름이 잘 생기지 않는 원단의 옷들을 골라야 하고 만약 그렇지 않은 원단이라도 쉽게 널 수 있는 옷이어야 한다. 실크, 신축성 있는 나일론, 벨벳, 그리고 가벼운 울 크레이프 등은 스팀이 꽉 찬 목욕탕에서 쉽게 주름이 펴진다.

한편 스웨터에 주름이 생기는 것을 보면 참 놀랍다. 여행 가방에서 스웨터를 꺼냈는데 아침에 일어났을 때 나의 얼굴과 비슷한 경우가 실제로 몇 번 있었다. 비닐 백에 넣으면 도움이 되고 또 이처럼 목욕탕 등에 널어놓으면 효과가 있다.

그러나 일반적으로 나는 스웨터를 널어놓는 것에는 반대한다. 옷걸이가 스웨터 어깨 부분 모양을 망치기 때문이다. 당신이 스팀을 쐬는 것을 고집한다면 가방에 여유가 있는 한 휴대용 스팀 다리미를 가지고 갈 것을 권한다. 스팀 다리미는 5분이면 주름을 펴준다. 나도 내 스팀 다리미를 30년 넘게 사용하고 있는데 아직도 강력한 효과를 발휘한다. 그리고 이런 스팀 다리미를 사용하면 목욕탕에 물이 흘러넘칠 것을 염려하지 않아도 될 것이다.

... to that different drummer in all of us ...

Chapter 9

현명한 쇼핑을
위하여

TAKING THE STORE BY STORM

1

좋은
패션 조언자를
찾을 것

> 급하게 돌아가는 이 혼란한 세상에서 베티와 일을 함께하는 것은 잠시지만 꼭 필요한 여유를 주는 것 같다. 질서가 잡히고 순서대로 일이 돌아가며 별들도 모두 제자리로 행진하는 세상, 낙관이 지배하는 그런 시간이다. 모두 베티가 완벽한 의상을 만들어 주기에 가능한 것이다.
>
> – 펫시 타르(Patsy Tarr),
> 출판인, 댄스 잉크(Dance Ink)

좋은 패션 조언자란?

때로 나는 고객들이 마치 의사를 찾아가는 것을 꺼려하는 것처럼 나를 찾아오길 꺼려하는 것을 알고 있다. 그도 그럴 것이 내 앞에서는 거의 나체가 될 정도로 옷을 벗어야 하기 때문일 것이다. 그렇지만 나는 의사와는 다르다. 비슷한 것이 있다면 당신이 믿고 따를 수 있는, 당신을 편하게 해주는 의사가 필요한 것처럼, 당신을 편하게 해주는 패션 조언자 역할을 한다는 것이다. 중요한 것은 누가 되었든 지식이 많고 도움이 되며 유쾌한 사람으로서, 당신이 혼자 쇼핑을 갔을 때 불필요한 법석을 떨지 않도록 도와줄 수 있는 사람이 필요하다는 사실이다. 그러나 그런 사람을 마치 당신의 조련사처럼 만들지는 마라. 내 고객들 중 몇몇 사람들은 어떤 결정을 내리기에 앞서 나를 그렇게 대하는데 몹시 당황스러운 일이다.

믿거나 말거나 나는 가게들이 점점 더 서비스 중심이 되어 간다고 생각한다. 버그도프 굿맨 그리고 그 외 몇몇 최고급 백화점들은 직원들을 모든 입구에 세워두고 당신을 환영할 뿐 아니라 백화점의 미로 속에서 제 길을 찾을 수 있게 도와준다. 이들은 고객을 도와주려는 의욕이 강할 뿐 아니라 명품 코너에서부터 티셔츠 코너까지 속속들이 교육을 받은 사람들이다. 나는 이렇게 서비스 중심이 되어 가는 이유가 좀 더 많은 사람이 세일즈 직원이나 쇼핑 대행인, 옷가게 주인 등이 되려 하기 때문인 것 같다. 만약 당신이 이러한 직업들 중 하나에 끌린다면 당신에겐 더욱 자랑스러운 일이다.

그런데 앞에 말한 커다란 백화점에 들어서는 것은 왠지 의기소침해지는 일이다. 수십 년 동안 그런 곳에서 일해 온 나조차도 다른 큰 백화점에 가면 비슷한 느낌을 갖

내가 처음 베티를 만났을 때 나는 버그도프 굿맨에서 아름다운 블랙 레이스 드레스를 입어보고 있었다. 그때 베티가 지나가다가 지루해서 백화점 바닥에서 데굴데굴 구르고 있던 파카를 입은 나의 아이들과 진지한 대화를 나누기 시작했다. 누구든 내 딸들의 주의를 끄는 이는 내 주의 또한 끄는 법. 그날 이후로 우리 넷은 지금까지 20년이 넘도록 친구로 지내며 나와 내 딸들은 무슨 일이 있을 때 자주 베티에게 조언을 얻는다.

— 조 캐롤 로더
(Jo Carole Lauder)

는다. 몇몇 백화점에는 아직도 의도적으로 무례한 사원들이 있다. 그들은 아직도 사람을 겉모습으로만 판단할 수 있다고 생각하는 것 같다. 티셔츠에 진을 입고 지나간다고 해서 그들에게 돈이 없다고 확신할 수 있는가.

최근에 친구 한 명이랑 백화점에서 쇼핑을 하고 있었는데 한 코너에서 친구가 말했다. "누가 신발을 살 건지 몰라서 저러는 걸까?" 이유는 아무도 우리에게 다가와 서비스하는 사람이 없었기 때문이다. 이것은 고객이 매장에 들어서자마자 달려들어 간섭하는 직원들보다 더 심한 경우다.

즉, 당신이 무언가를 구입하는 데 있어 당신을 가이드해 줄 적당한 사람을 구하기가 힘들다는 것이다. 당신이 100% 정확히 도움이 될 직원을 만날 수 있다고 보장은 못하지만 적어도 당신이 그런 직원과 아닌 직원을 구분할 수 있는 몇 가지 팁을 이 장에서 알려주려 한다. 첫 번째는 당신과 눈을 마주치려는 직원을 찾아라. 당신이 누군가 필요하다는 표정이나 태도를 취하는데도 무관심한 직원, 예를 들어 전화를 하고 있다거나 동료와 잡담을 하고 있다거나 아니면 껌을 씹으며 멍하니 허공만 보고 있는 직원들은 피해야 한다. 이런 직원들이 당신을 잘 도와줄 것이라고 기대하지 마라. 그럴 때는 그들을 지나쳐 다른 직원을 찾아보아야 한다.

경험이 많고 아는 것이 많은 직원을 알아보는 방법이 있다. 즉 사이즈에 대해 물어보는 것이다. 나는 이제 어느 여성이건 설사 그녀들이 코트를 입고 있어도 어떤 사이즈를 입는지 맞힐 수 있다. 이것은 수십 년 간 사람들에게 옷을 입혀본 경험에서 나온 스킬이다.

당신이 직원의 경륜을 알고 싶으면 이렇게 질문하라. "이 55사이즈 바지가 저한테 맞을까요?" 만약 답이 "네"라고 나오고 당신의 사이즈가 사실 66이나 그 이상이라면 당신은 그녀에게 확실하냐고 되물어야 할 것이다. 이때 눈치가 빠른 직원 같으면 그 바지가 작다는 걸 알고 더 큰 것을 권할 것이며(이 직원이 당신이 찾는 사람이다) 그렇지 않은 경우에는 아무 생각 없이 물건을 팔려고만 할 것이다.

종종 당신에게 맞는 사이즈가 매장에 없는데 물건을 팔려고 맞지 않는 옷을 당신에게 어울린다고 설득하는 직원들이 있다. 그런 직원

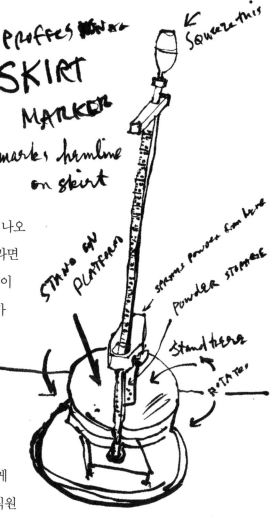

앞에서는 절대로 맞는 사이즈를 찾는다며 여러 벌을 입어보면서 시간을 낭비하지 마라. 직원이 사이즈 테스트에 통과하지 못하면 그저 고맙습니다 한마디 하고 다른 곳으로 가라. 다른 사람을 찾거나 또는 피팅룸에서 여러 사이즈를 입어보는 것이 그런 교육받지 못한 혹은 관심 없는 직원과 함께 옷을 고르는 것보다 시간 낭비를 덜하는 것이다.

당신은 또한 갖가지 칭찬으로 당신을 설득하려 하는 직원을 경계해야 할 것이다. 직원이 "손님에게 딱이네요!"라고 말하는 것은 경계 대상 1호다. 어떤 직원이 당신이 옷을 입었을 때 계속해서 예쁘다고 말하면 그녀에게 왜 그런 말을 하는지 물어라. 그리고 '저에게 잘 안 맞는 것

같아요' 혹은 '컬러가 제게는 별로 안 어울려요'라고 그 직원에게 확실히 말을 하라. 당신은 질문할 권리가 있다. 결국 그 옷을 살 사람은 당신이고 그녀가 아니다. 입지 않고 옷장에 걸어둘 옷의 주인은 당신이지 그녀가 아닌 것이다.

당신이 당신을 도와줄 직원을 찾아 몇 벌의 옷을 가지고 피팅룸으로 안내를 받았다 해도 아직 안심할 단계는 아니다. 피팅

룸에서 옷을 입어보고 사이즈가 맞지 않아 누군가 밖에서 도와줄 사람이 없는지 소리쳐 물어본 적이 없는가? 우연히 바로 밖에 다른 직원이 지나가든가 아니면 처음 안내해준 직원이 양심적으로 당신이 옷 입는 것을 밖에서 기다리며 다음 진행 사항을 돕기 위해 대기하지 않는 한 당신은 다시 전부 입었던 옷으로 갈아입고 나와 맞는 사이즈를 다시 찾아야 한다. 당신을 안내하는 직원이 당신을 끝까지 봐 주도록 할 수 있는 확실한 방법은 없다. 다만 피팅룸에 들어갈 때 몇 분 안에 다시 이곳으로 와달라고 그 직원에게 말해 놓는 것은 어렵지 않을 것이다.

당신이 마침내 유익하고, 아는 게 많으며, 당신이 찾고 있는 것을 잘 이해하는 그런 세일즈 직원을 찾았다면 그녀 혹은 그는 당신에게 매우 가치 있는 존재일 것이다. 그리고 이것은 비단 당신이 매장에 직접 나와 있을 때에만 해당하지 않는다. 유능한 직원이라면 모든 고객의 취향을 잘 파악해놓고 있다. 그 수첩에는 고객의 주소, 전화번호, 선호하는 신용 카드, 사이즈, 좋아하는 디자이너, 컬러, 스타일 등등이 들어 있다. 그래서 당신이 집에 있을 때도 당신이 좋아하는 옷이 언제 세일을 하는지, 또는 당신이 원하는 스웨터가 언제 들어오는지 등을 미리 알려주어 쇼핑 계획을 잡을 수 있도록 도와준다. 백화점들은 이와 같은 서비스가 고객들뿐만 아니라 백화점에게도 이익이 된다는 사실을 깨닫기 시작한 것 같다. 왜냐하면 한 명의 만족한 고객은 자신의 가족, 친구 등 새로운 고객을 데려오기 때문이다.

당당하게 요구하라

내 생각에 여성들이 가장 잘못 생각하고 있는 것 중에 하나가 이와 같은 서비스를 오직 부자들만이 누릴 수 있는 것이라 여기는 것이다. 그러나 그렇지 않다! 나는 당신이 버그도프 굿맨에서 쇼핑을 하건 시어스Sears에서 쇼핑을 하건 당신이 얼마를 쓸 것인지에 따라 다르게 서비스를 받아서는 안 된다고 생각한다.

당신이 누군가와 상담을 하건 혹은 당신 혼자 쇼핑을 하건 당면하는 또 하나의 문제는 바로 겁을 먹는다는 것이다. 내가 당신에게 줄 수 있는 최상의 어드바이스는 바로 뭐든 사야 한다는 강박을 갖지 말라는 것이다. 만약 당신이 직원이나 가게나 혹은 가격에 놀라거나 마음에 안들어 '고맙습니다. 다시 올게요' 하며 곧바로 가게 문을 열고 나간다 해도 아무 문제가 없다. 겁을 먹고 물건을 사서는 안 된다.

누군가가 당신에게 옷을 가져다주어 피팅룸에서 입어

봤다고 하여 그 옷을 사야 하는 것은 아니다. 직원이 아무리 도움이 되고 친절하다고 해서 그 직원에게 빚이 있는게 아니다. 직원이 당신에게 맞는 사이즈를 찾느라 창고를 열심히 뒤지고 또 심지어 마네킹이 입고 있는 것을 벗겨 주었다 해도 당신이 입어봐서 스타일이 마음에 들지 않으면 살 필요가 없는 것이다. 좀 비싸다고 생각되는 것을 입어볼 때는 더욱 굳게 마음을 먹어라. 직원이 계속 조른다고 해서 혹은 당황해서 옷을 사서는 안 된다. 당신이 원하는 것은 뭐든 살 수 있는 돈이 당신에게 있다는 것을 직원에게 자랑이라도 하고 싶은 것인가? 그건 아닐 것이다. 그러니 그렇게 약하게 행동해서 직원들의 설득에 넘어가지 마라. 그렇게 옷을 사면 결국 집에 와서 후회하고 변명거리를 생각하며 매장으로 가서 옷을 바꿀 생각만 하게 될 것이다.

당신이 구매하기로 결정했을 때는 대부분의 백화점 그리고 작은 매장들도 해주는 공짜 혹은 싼 가격의 옷 수선 서비스를 놓치지 마라. 기장을 줄이거나 폭을 줄인 후 구매한 바로 그날 수선을 끝내서 가져가려는 고객들을 수도 없이 많이 봤다. 고급 숍에서는 이러한 수선 서비스가 더 잘 되어 있어 하루 안에 금방 수선이 된다. 그리고 조금 작은 매장이라도 당신이 급하지만 않으면 이삼일 내에 늦

세일즈 직원을 판단하는 요령

- 당신이 가게 안으로 들어서는 순간 인사를 하거나 다가오는 직원은 도움이 되기를 바라는 사람이다.

- 당신이 옷을 들고 있는데도 피팅룸으로 안내를 해주지 않는 직원이라면 그 또는 그녀는 당신이 피팅룸 안에서 잘못된 사이즈를 입고 도움을 요청해도 듣지 않을 것이다.

- 전화하느라 바쁘거나 카운터 뒤에서 잡담을 나누는 직원은 피하라.

- 당신이 피팅룸 안에 있을 때 계속 체크하지만 너무 간섭하지는 않는 직원이 있다면 다시 찾아도 좋을 것이다.

- 당신에게 한 칭찬을 다른 고객에게 똑같이 하는 직원이 있다면 의심해봐야 한다.

어도 일주일 내에 수선이 된다. 사기 전에 피팅룸에서 입어보고 핀만 꽂아 바로 맡기니 시간도 절약되고 얼마나 좋은가.

요즘 옷들은 핏이 천차만별이다. 같은 사이즈여도 어떤 옷은 허리가 크고 또 다른 옷은 어깨가 너무 좁다. 그러니 가게에서 바로 산 옷이 핏이 딱 맞기는 어려울 것이다. 그렇다 하더라도 너무 많은 여성들이 자신의 사이즈에 맞지 않는 옷을 입고 다닌다. 그들은 팔 아래가 너무 크건, 어깨가 넓건 기장이 약간 짧건 옷을 나온 그대로 입으려고만 한다. 반면 남성들은 이런 면에서 훨씬 낫다. 그들은 양복이 안 맞으면 바지 끝단이나 소매 끝단을 수선하는 데 익숙하다.

그러한데 왜 남성보다 옷 사는 데 훨씬 더 많은 돈을 쓰는 여성들은 핏이 잘 안 맞는 옷을 입고 다니는 것인가. 내 생각에 많은 경우 여성들은 너무 소심해서 옷을 살 때 수선을 해달라고 요구하지 못하는 것 같다. 그러나 수선할 필요가 있으면 요구해야 한다. 잘 맞는 핏의 옷을 입으면 얼마나 좋은지 알게 될 것이다.

겁먹지 말고 매장에 딸린 수선소 재단사에게 어디를 고쳐야 할지 조언을 들어라. 때로 밑단 하나 내는 간단한 일(그러나 스커트 길이가 만드는 차이란 엄청나다)이지만 스커트 기장을 줄인다든가 재킷 어깨 폭을 좁힌 후 옷을 입으면 훨씬 더 좋아 보이는 것을 알고 놀랄 것이다. 그 차이는 말하자면 갑자기 그 옷이 당신만을 위해 맞춘 옷이라는 생각이 들 정도이다.

그렇게 잘 맞게 수선해주면 옷이 더 비싸 보일 것이다. 주의할 것이 있다. 비싼 옷은 수선하기 전에도 핏이 잘 맞는다고 생각해서는 안 된다. 비싼 옷은 그것을 산 여성들이 완벽하게 핏이 맞도록 수선되었을 때의 가치를 잘 알기에 수선 후에 흔히 더욱 좋아 보인다.

그렇다 해도 옷을 수선하는 가격은 제법 비싸다. 아무리 옷을 산 매장이 수선소를 따로 가지고 있다 해도 수선비를 많이 받는 경우가 있다. 그러나 수선하여 완벽하게 핏이 맞으면 옷의 가치를 올려주고 입을 때마다 행복할 테니 그 값을 치를 만하다. 매 시즌 초에 옷을 살 때 계획했던 수보다 한 벌씩 적게 사는 한이 있어도 수선집에서 잘 맞게 수선해 맞춘 듯이 꼭 맞는 옷들을 입고 다니면 좋을 것 같다.

한편 얼마 전 뉴욕의 내 친구가 한 쇼핑 경험은 어떤 가격대라도 좋은 서비스를 하는구나 하는 생각을 갖게 해주었다. 때로 당신에게 필요한 오직 한 가지는 요구하는 것이다. 친구는 턱시도를 사러 전국적인 지점을 갖춘 큰

숍에 갔다. 그는 거기서 단번에 맘에 드는 재킷을 골랐다. 그런데 재킷에 맞는 바지 사이즈가 그 숍에는 없었다 한다. 직원이 전국의 지점에 전화를 해서 알아보았는데 그 사이즈가 없었다. 그러자 그 직원은 내 친구에게 동부에 있는 아울렛 상점의 전화번호를 모두 주었다. 그중 한 곳에 전화를 하자 아울렛끼리 연락이 되어 버몬트Vermont 아울렛에 그 사이즈의 옷이 있는 것을 알게 되었고 항공편으로 전달되었다 한다. 며칠 후 재킷을 샀던 뉴욕 숍의 매니저가 전화를 걸어 친구에게 턱시도 재킷과 바지를 함께 잘 입고 있는지 확인했다고 한다. 숍과 아울렛(아무도 좋은 서비스를 받을 것이라고 기대하지 않는 곳)이 협동한 서비스, 진정한 서비스는 이런 것이 아닐까.

이런 이야기가 완전히 특별한 것은 아니다. 어떤 여성이 너무 마음에 드는 디자이너 재킷을 찾았는데 돈을 다 지불하기가 힘들다 하니 직원이 아울렛에 전화를 하여 할인된 가격의 옷을 찾아 주었다는 얘기도 들었다. 많은 아울렛들이 이렇게 놀랄 만큼 좋은 서비스를 하고 있는 것 같다(아마 모두 디자이너의 고급 명성을 따라가도록 훈련 받았을 것이다). 그들은 전화로 주문을 받으면 물건을 배달해줄 뿐만 아니라 요청받은 아이템을 눈여겨 봐두었다가 나중에 새로운 것이 들어오면 고객에게 알려준다.

　그러니 당신은 그런 서비스를 제공하는 아울렛이나 가게에는 꼭 연락처나 메일 주소를 남겨라. 일반인들보다 먼저 다가오는 세일이나 새 상품 도착일에 대한 정보를 얻을 수 있을 것이다.

2

세일의 함정

베티는 그녀의 패션 기술로 고객인 수많은 텍사스 상속녀들과 드라마 의상 디자이너들을 기쁘게 했어요. 오래된 고객으로 또 오래된 친구로서 저는 베티와 커피도 같이 마시고 옷에 대한 조언도 얻고, 사적인 서비스까지 받는답니다. 파티 드레스를 입고 버그도프의 배송 트럭을 빌려 탄 적도 있지 뭐예요. 다음 날 갑자기 텔레비전에 출연하게 되었다든가 그럴 때 베티는 어김없이 저를 도와주죠.

― 베씨 크론키테
(Betsy Cronkite)

거부하기 힘든 세일의 유혹

모든 여성들은 이건 거저다 할 정도의 세일에서 좋은 물건을 발견하는 것을 좋아한다. 당신이 만약 세일에서 캘빈 클라인 캐시미어 드레스를 갭의 면 재킷보다 싼 값에 샀다면 당연히 자랑할 만하고 칭찬받을 일일 것이다. 그러나 문제는 당신이 세일이라는 사실에 흥분하여 고려해야 할 것들, 즉 자신의 사이즈, 좋아하고 싫어하는 컬러, 혹은 이미 가지고 있는 옷, 당신 몸매에 어울리는 핏 등을 잊어버린다는 데 있다.

이것은 내가 세일증후군이라 부르는 것인데, 당신이 세일한다는 사실을 알자마자 모든 이성과 현명한 쇼핑 자세를 잊어버리는 것이다(아울렛이나 디자이너 브랜드 샘플 세일에서도 똑같은 일이 벌어진다). 그런데 정가로 팔 때는 비싸서 쳐다보지도 못하던 옷들이 무려 50% 세일이라면 사실

저항하기 힘들 것이다.

오직 세일 가격으로만 옷을 사는 여성들이 있다. 이들은 점심시간마다 돌아다니며 좋아하는 아이템이 할인할 때를 기다린다. 이런 세일에 진정 성공할 수 있다면 당신은 정말 비범한 구매자라 할 수 있을 것이다. 보통 쓸모없는 물건으로 가득한 매대에서 좋은 물건을 찾아낼 수 있는 사람이라면 그 사람은 현명한 구매자임에 틀림없다. 이 여성들은 또한 싸구려 물건을 세일할 때도 5,000원만 가지고도 값어치 있는 골동품을 골라낼 사람들이다.

그러나 당신이 세일에서 물건을 살 때는 끊임없이 자신에게 물어야 한다. 내게 이것이 필요한가? 내가 이것을 입으면 어울리나? 왜냐하면 소비자들은 세일에 빠져들면 실수를 저지르기 때문이다. 그리고 요즘은 브랜드들이 괜

세일 쇼핑에서
주의할 점

- 시즌 말 세일에서는 유행을 타지 않는 베이직한 아이템, 티셔츠, 스웨터, 클래식한 코트나 캐주얼한 주말 복장 등을 사라.

- 아직 시즌이 끝나지 않았다면 세일에서 돈을 쓰려 하지 말고 세일 아이템들을 트렌드를 공부한다 생각하고 둘러보라(구두도 마찬가지다).

- 얼룩이 있거나 손상이 가 수선이 힘든 것은 싸게 사는 물건이 아니다.

- 당신 옷장에서 가장 핵심적인 스타일의 옷들을 세일에서 살 때는 특히 주의하라. 당신이 자주 입을 옷이므로 맘에 안 드는 컬러나 원하던 것과 다른 스타일의 옷은 사지 않도록 한다.

- 당신 맘에 꼭 들지 않는다면 사지 마라(이것은 정가 판매, 세일, 아울렛 모두에 해당한다).

찮은 옷은 아울렛으로 보내지 세일에 내놓질 않는다. 즉 아울렛에서 구매하는 것이 잘 진열된 탓에 보기도 좋고 맞는 사이즈를 찾을 수도 있어 당신에게는 더 좋을 것이다. 정가로 팔 때는 살 생각이 없었는데 세일을 하니까 구매하는 것은 현명한 짓이 아니다. 반면 당신이 평소 갖고 싶었지만 너무 비싸서 사지 못하던 것을 세일 때 샀다면 정말 좋은 일이다.

세일 쇼핑에서 유의해야 할 점

그러나 세일 쇼핑에서 경계해야 할 것이 있다. 예를 들어, 당신이 시즌 말 세일에서 랄프로렌Ralph Lauren 실크 셔츠를 하나 발견했다고 하자. 평소에 랄프로렌을 좋아해도 비싸서 사지 못했었는데 세일해서 75%까지 가격이 내려가 있다면 정말 좋은 발견이다. 그러나 당신은 정장과 함께 입을 빨간색 실크 셔츠를 갖고 싶어 했었는데 지금 세일하는 것은 진한 녹색 셔츠다.

만약 당신이 여유가 있어 녹색 셔츠를 사고 또 나중에 빨간색 셔츠를 하나 더 살 수 있다면 사도 된다. 그러나 그 컬러를 별로 좋아하지 않고 함께 입을 옷도 없고, 그래서 별로 입지 않을 거라면 사지 말아야 한다. 얼마를 세일하건 꼭 필요하지도, 좋아하지도 않는 옷을 구매하는 것은

확실히 싸게 사는 물건이라고 할 수 없
다는 것이다.

　세일 물건을 사는 데 있어 또 다른 큰
문제점은 당신에게 맞지 않는 옷을 살 가
능성이 크고 수선하기도
힘들다는 점이다. 한참
내린 가격에 눈이 멀어
자신이 44사이즈면서도 66사이즈
를 사며 좀 커도 입을 수 있겠지 하는 것이
다. 더 나쁜 경우는 66사이즈인데 55사이
즈 바지를 사며 살을 빼서 입으면 될 것이
라고 생각하는 것이다(혹은 수선집에 맡겨
옆선을 좀 내서 통을 넓히면
되겠지 생각한다). 나의 모
토는 수선이 안 되는 옷은 사
지 말라는 것이다. 그리고 대부분 세일하
는 옷들은 수선이 안 된다. 괜히 손을 댔
다간 옷을 버릴 수도 있다. 이 얼마나 낭
비인가.

　당신이 구매 후 바꿀 수도 수선할 수
도 없는 세일 아이템을 실수로 잘못 사

기 전에 그 옷을 어떻게 고칠 수 있다거나 혹은 수선이 불가능하다거나 하는 것을 알려주는 상점이 있기도 하다. 그러나 그런 경우는 많지 않으므로 스스로 현실적인 눈을 가지고 옷이 어떻게 만들어졌는지, 어느 부분이 안 맞는지 어떻게 수선이 될 수 있는지 관찰해야 한다.

일반적으로 사람들은 작은 옷은 재봉선을 뜯어 단을 낼 수 있다고 생각한다. 그러나 점점 더 의류 메이커들은 원단을 아끼기 위해 재봉선 안에 여유분을 남기지 않는다. 그러니 당신은 옷을 들어 재봉선 부위를 불빛에 비춰 보고 여유 원단이 있는지 없는지 확인하는 법을 배워야 한다. 그리고 어떤 원단은, 특히 벨벳, 새틴, 실크가 그런데, 아무리 여유분 원단이 많이 있다 해도 한 번 재봉이 된 선은 실을 풀어도 자국이 남기 때문에 수선이 불가능하다.

옷을 줄이는 것도 함부로 생각해서는 안 된다. 옷 사이즈를 줄여 수선한다는 것은 전체 패턴을 다시 뜨는 일이기에 쉽지 않다. 암홀을 맞게 줄이고 어깨를 적당히 축소하면서 모든 부분을 균형 잡히게 하는 것이 쉬울 리 없다. 또 절대 수선이 불가능한 경우, 아니면 수선이 가능하다 해도 너무 수선비가 비싼 경우 둘 중에 하나일 가능성도 많다. 그런 위험을 무릅쓰느니 다른 옷을 찾는 것이 훨씬 현명하다. 옷 한 벌에 많은 것을 기대해서는 안 된다. 결국 옷은 살아 숨 쉬는 동물이 아니요, 하나의 원단일 뿐이니 까.

3
자신만의
쇼핑 철학을
가질 것

내가 처음 베티를 만났을 때 나는 많은 문제를 안고 있었다. 백화점이 으리으리해서 겁먹은 데다 어떻게 옷을 입어야 하는지에 대해서는 아무것도 몰랐고 돈도 많이 쓸 생각이 없었다. 그러나 이제 베티 덕분에 나는 화려한 백화점에 기죽지 않는다. 좋은 정장이 의미하는 것이 무엇인지도 배웠고 그녀의 가르침으로 어떻게 돈을 현명하게 잘 쓰는지도 배웠다.

— 브리짓 포터(Bridget Potter),
뉴욕 NBC 예능국 부사장

백화점을 탐색하라

당신이 만약 큰 백화점에서 쇼핑을 한다면 회전문으로 들어가는 순간부터 그 크기에 압도당하고 혼란을 느낄 수도 있다. 당신의 어머니가 당신을 유모차에 태워 끌고 다니던 시절부터 항상 이용하는 백화점일 수도 있고 낯선 도시의 처음 가는 백화점일 수도 있지만 어느 쪽이든 갈 길을 잃은 듯한 감정은 똑같을 것이다. 밝은 조명, 현란한 컬러들, 머리를 치는 향수 냄새, 이런 것들로 인해 안으로 발을 들여놓는 순간 당신은 위에서 말한 그런 심정이 된다 (왜 백화점에서는 어느 코너를 가든 향수 샘플을 나눠주는 사람들과 화장품 코너를 먼저 지나야 하는 것일까?). 당신이 자주 가는 오래된 백화점이라면 많은 코너들의 미로 속에서 당신이 가고자 하는 곳을 엘리베이터를 타고 곧바로 찾아갈 수 있을 것이다. 그러나 당신이 잘 모르는 곳에 들어갔다면 당신이 찾고자 하는 코너가 어디에 위치해 있는지 알기 위해 가장 가까운 '안내'를 찾아가야 할 것이다.

만약 그렇다면 엘리베이터를 타지 말고 에스컬레이터를 타고 한 층 한 층 올라가 보라. 그렇게 하면 백화점의 전체적인 구성을 살필 수 있게 될 것이다. 백화점들이 애초부터 엘리베이터만 설치하지 않고 에스컬레이터를 놓은 것도 그런 이유에서다. 그들은 고객이 자신에게 필요한 코너만 보지 않고 백화점 전체를 보기를 원한다. 에스컬레이터를 타고 윈도 쇼핑을 한다고 생각해보라. 물론 밖이 아닌 안에서 본다는 사실만 빼면 같다. 맘에 드는 코너가 있는 층에서는 에스컬레이터에서 내릴 수도 있다.

더 좋은 생각은 박물관을 슬슬 돌며 구경하듯 백화점에서도 시간을 가지고 둘러보는 것이다. 모든 코너와 숍을 한 번씩 돌아봐주고 진열되어 있는 것들을 살피라. 만져보고 느끼고, 둘러보고, 백화점이 제공하는 것에 익숙해져라. 길을 잃는 것을 두려워 마라. 그것도 다 게임의 일부다. 백화점은 당신이 길을 잃기를 원한다. 그들은 당신이 생전 가볼 일이 없을 그런 코너에 가게 되길 원한다.

쇼핑몰에서 작은 단품 상점들을 지나치면서도 같은 경험을 할 수 있을 것이다. 들어가서 뭐가 있나 둘러보기 전에는 필요 없다고 생각하고 지나치지 마라. 이러한 상점들이나 백화점의 다양한 코너들이 다 비슷하다고 느낄지도 모르겠다.

만약 그렇다면 그곳은 당신의 쇼핑 대상 목록에서 바로 지울 수 있는 곳이다. 비슷한 물건을 가진 두 매장이 한 코너에 있다면 하나는 당신의 리스트에서 지울 수가 있다. 이처럼 조금 돌아다니면서 관찰하는 것이 장기적으로 당신의 쇼핑 시간을 아껴 줄 수 있는 것이다. 눈을 크게 뜨고 대신 지갑은 닫고, 그렇게 당신의 숙제를 완수하면 다음 번 쇼핑엔 당신이 어디로 가야 하고 어디를 피해야 할지를 알 수 있을 것이다.

구매 충동을 다스려라

백화점을 돌면서 여기저기서 이런저런 것들을 사들이지 않기 위해 당신은 정말 엄격히 구매 충동을 다스려야 한다. 스스로를 믿을 수 없다면 신용카드를 집에 놔두고 가라. 그리고 자기 자신에게 말하라. 나는 오늘 아무것도 사지 않을 거야. 무엇을 사러 나가는 것이 아니고 요즘 어떤 스타일이 팔리는지 둘러보고 배우려고 나가는 거야. 그렇게 마음먹고 나간 다음 만약 어떤 매장에서 파는 것이 마음에 들었다면 다음 날이라도 다시 찾아오면 된다. 다음에 찾아올 때는 적어도 당신이 어디로 가야 할지, 무엇을 사길 원하는지 알고 있다.

그러나 내가 아무리 백화점 투어가 나중에 시간을 아낄 수 있게 도와준다고 강조해도 바쁜 여성들은 이렇게 말할 것이다. "나는 지금 새 브래지어를 사야 하고 샌들이랑 빨간 카디건을 사야 해요, 그런데 백화점을 어슬렁거릴 시간이 어디 있나요?"

265

그렇다면 좋다. 백화점 안내 책자를 가지고 사야 할 물건이 있는 곳을 찾아보자. 그러나 안내 책자는 혼동을 주기가 쉽다. 구두가 필요한데 여성 구두가 세 층에 나뉘어 있다고 책자에 나와 있다면 당신은 어디로 갈 것인가. 그리고 요즘 백화점 코너들은 이름이 너무 시크해서 안내 책자의 매장 이름만 보고는 브래지어를 파는 곳인지 알 수가 없다. 그래도 점점 더 많은 백화점과 매장들이 어디에 무엇이 있는지 자세히 보여주는 팸플릿 사이즈의 백화점 안내서를 배부한다(엘리베이터나 에스컬레이터 근처에서 구할 수 있다). 쇼핑하는 동안 갑작스럽게 코트를 사고 싶을 수도 있으니 이 안내서를 지니고 다니는 것이 좋다.

자신만의 스타일을 찾아라

이 책을 쓰면서 가장 안타까운 부분은 당신을 직접 매장으로 안내할 수 없다는 점이다. 당신은 내가 주려고 노력하는 것을 취하되 완전히 혼자서 그렇게 해야 한다. 결국 내가 할 수 있는 것은 당신에게 용기를 불어넣어 주는 것이다. 눈을 크게 뜨고 자신을 관찰하고 옷가게를 관찰하라. 옷들을 보고 판매 직원들을 살펴라. 그리고 객관성을 가지고 이 모든 전체적인 쇼핑이라는 경험을 바라보라(언제나 그렇듯 긍정과 유머 섞인 시각으로 보라).

그리고 다른 사람들의 패션을 무조건 좇아 하지 않도록 하라. 옷 입기라는 것은 기술과 노력, 그리고 적어도 약간의 생각이 필요한 개인적인 것이다. 나는 여성들이 자기 자신에게 너무 비판적이라고 생각한다. 왜냐하면 다른 여성들을 보느라 너무 바쁜 것이다. 다른 여성들의 몸매, 머리 스타일, 옷, 등등. 그리고 자신을 덮고, 숨기고, 본모습을 감추느라 바쁘다.

나는 일생 동안 스타일이란 그런 것과 거리가 멀다고 생각해왔다. 진정한 매력은 어떻게 자신감을 보여주는가에 달려 있다. 그리고 이것은 내가 정말 자주 듣는 여성들의 그 말 '입을 옷이 없다'라는 문제와 직결된다. 돈, 시간이 부족한 것이 아니다. 옷이 없는 것이 아니다(옷장에 넘쳐나게 옷이 많은 여성도 입을 것이 없다고 하지 않는가). 바로 상상력이 없고 자신감이 없고 뭐든지 튀지 않게 안전하게만 입으려는 고루한 습관에서 입을 옷이 없다라는 말이 나오는 것이다.

당신은 셔츠나, 바지, 재킷 등 하나의 단품을 구매한 후 완전히 잘못 샀다고 생각할 수 있다. 집에 가서 찾아보니 새로 산 옷과 어울릴 만한 기존의 옷이 없고, 단품으로만 샀기에 한 벌로 입을 수 없다고 말할 수 있다. 그것은 충분히 그럴듯한 딜레마다. 하지만 그렇다고 꼭 다른 옷

을 더 사서 매치해주고 한 벌을 만들어줘야 풀리는 문제
는 아니다. 기존의 옷 중에 어울리는 것이 없다는 생각 자
체가 당신이 항상 입던 방식만을 고수하는 데서 오는 문
제이기 때문이다. 예를 들어, 주중에는 매번 같은 정장 세
벌에 같은 셔츠 세 장을 섞어가며 입고 주말에도 마찬가
지로 매번 같은 진 바지, 카키 바지, 스웨터만 입는 그런
습관 말이다.

당신 옷장에서 옷을 꺼내 안 어울린다고 여겨질지언
정 새롭게 코디해봄으로써 따분한 느낌을 지워보라. 옷장
뒤편에 있던 것을 앞으로 가져 나와 보라. 볼 때마다 내가
이걸 왜 샀지? 하던 빨간색 정장을 꺼내 새로운 눈으로 보
라. 이 정장을 다른 상의나 하의, 신발, 스카프, 주얼리, 벨
트 등과 섞어보라. 이런 것들이 없다면 그냥 진 바지에 블
랙 스웨터를 입고 그 위에 그 빨간 재킷을 걸쳐라도 보라.
그러면 새로운 매치를 발견하게 된다.

어떤 여성들은 옷을 절대로 한 벌로 사지 않는다. 그런
여성은 갑자기 사고 싶은 마음이 들면 언제든 무엇이든
옷을 상의든 하의든 단품으로 사곤 한다. 누군가 따라가
못 사게 손목이라도 철썩 때려줘야 할 정도다. 이렇게 하
는 것이 잘 코디된, 잘 구성된 옷장을 만드는 가장 논리적
인 방법은 절대 아니다.

그러나 이렇게 옷을 한 벌로 사지 않고 상의든 하의든 따로 살 때는 무언가 집에 같이 입을 옷이 머리에 떠올라서가 아닐까? 내가 당신 옷장을 열어보지 않아서 모르겠지만 아마도 어디에나 어울리는, 안전한 '블랙 스웨터' 하나쯤은 가지고 있을 것이다. 치마나 바지, 재킷을 하나씩 따로 사더라도 집에 맞춰 입을 것은 꼭 있게 마련이다. 적어도 블랙 스웨터하고만 입어도 일단은 어울리기 때문이다.

옷장에 수없이 많은 옷이 있음에도 당신이 입을 옷이 없다고 느낀다면 그것은 당신이 충분히 찾아보지 않은 것이다.

아니면 당신이 그저 만족을 못하는 것일 수도 있고 일반적으로 새 옷을 입어야 기분이 좋아진다고 생각하는 것일 수도 있다. 쇼핑이란 것은 가끔 당신의 갈망을 충족 시켜준다. 그리고 거기엔 일종의 흥분도 따른다. 20,000원짜리 티셔츠 하나를 사도 나가서 돈을 쓴다는 작은 스릴이 있는 것이다.

만약 당신이 그렇게 느낀다면 가서 당신의 욕구를 충족시켜라. 가벼워 보이는 옷이든, 유행하는 옷이든, 기본 스타일이든 큰 옷이든 작은 옷이든 마음껏 사보라. 그렇게 하다 보면 정말 좋아하는 옷을 사서 한동안 잘 입는 경우가 있다. 물론 그것도 결국 '입을 옷이 없어'라는 이름의 옷장 안의 일부가 되어버릴 테지만.

우리 모두는 인정하든 안 하든 쇼핑을 하는 사람이다. 우리 여성은 모두 옷을 사랑하고 어떤 가게를 지나든 빼꼼히 고개를 넣어 쳐다보는 사람들이다. 현실적으로 말해서 당신이 만약 이 모든 것에 조금이라도 관심이 없다면 이 책을 집어 들지도 않았을 것이다. 그리고 바로 이 '관심'과 사랑이 결국 옷 입는 것에 관한 모든 것이라 할 수 있다.

물론 옷을 입는 데는 실용적 측면이 있다. 하지만 모든 의류 메이커가 옷을 계속 만들고 디자이너가 디자인을 계속하는 이유는 옷을 입는 재미와 관심 때문 아닐까.

뉴욕 최고의 퍼스널 쇼퍼가 알려주는

패션 테라피
SECRETS OF A FASHION THERAPIST

초판 1쇄 발행 2015년 9월 25일

지은이 베티 할브레이치, 샐리 웨디카
그림 제프리 풀비마리
옮긴이 최유경
본문편집 디자인 잔
표지편집 디자인 아르케
인쇄 · 제본 한영문화사

펴낸이 이영미
펴낸곳 올댓북스
출판등록 2012년 12월 4일(제 2012-000386호)
주소 서울시 마포구 연희로 19-1, 6층(동교동)
전화 02)702-3993
팩스 02)3482-3994

ISBN 979-11-86732-01-4 (03320)